Tom Hindes

RASCH GESCHNITZT

Lustige Tiere in der Freizeit

stv

WIDMUNG

Dieses Buch ist jenen gewidmet, die immer schon schnitzen wollten, aber jetzt erst damit beginnen. Jetzt ist der Moment und hier ist der Ort, um damit anzufangen – und ich bin begeistert, dass ich gemeinsam mit Ihnen schnitzen kann!

Umschlaggestaltung: Werbeagentur Rypka GmbH, 8143 Dobl, www.rypka.at
Umschlagabbildungen Vorderseite: Mike Mihalo
Umschlagabbildungen Rückseite: Carlyn Hindes Zelko
Abbildungen Anleitungen: Carlyn Hindes Zelko
Titel der amerikanischen Originalausgabe: Tom Hindes: Whittling in Your Freetime. 16 Quick And Easy Projects To Carve In Wood. © 2020 Tom Hindes und Fox Chapel Publishing Company, Inc., 903 Square Street, Mount Joy, PA 17552.
Aus dem Englischen übertragen von Nina Schön.

Bibliografische Information der Deutschen Nationalbibliothek

Die Deutsche Nationalbibliothek verzeichnet diese Publikation in der Deutschen Nationalbibliografie; detaillierte bibliografische Daten sind im Internet unter http://dnb.d-nb.de abrufbar.

Hinweis: Dieses Buch wurde auf chlorfrei gebleichtem Papier gedruckt. Die zum Schutz vor Verschmutzung verwendete Einschweißfolie ist aus Polyethylen chlor- und schwefelfrei hergestellt. Diese umweltfreundliche Folie verhält sich grundwasserneutral, ist voll recyclingfähig und verbrennt in Müllverbrennungsanlagen völlig ungiftig.

Auf Wunsch senden wir Ihnen gerne kostenlos unser Verlagsverzeichnis zu:
Leopold Stocker Verlag GmbH
Hofgasse 5/Postfach 438
A-8011 Graz
Tel.: +43 (0)316/82 16 36
Fax: +43 (0)316/83 56 12
E-Mail: stocker-verlag@stocker-verlag.com
www.stocker-verlag.com

ISBN 978-3-7020-1876-4

Layout: Werbeagentur Rypka GmbH, 8143 Dobl, www.rypka.at
Druck und Bindung: GPS Group, Slowenien

RASCH GESCHNITZT

Lustige Tiere in der Freizeit

Tom Hindes

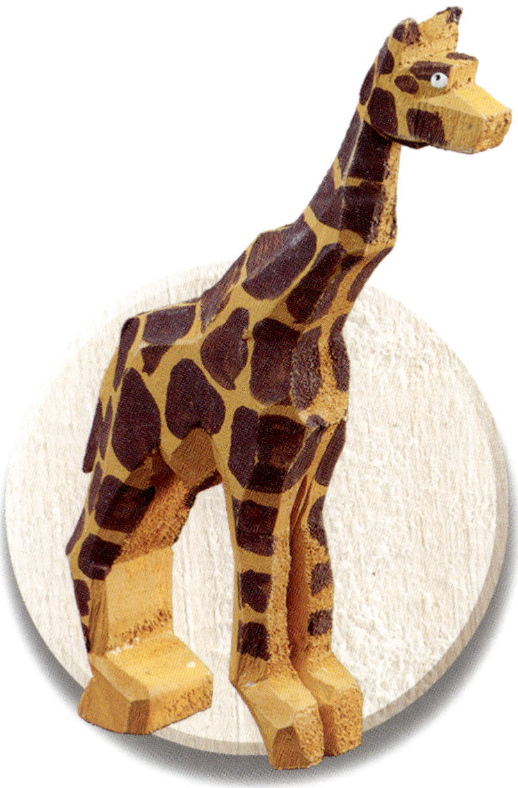

Leopold Stocker Verlag
Graz – Stuttgart

INHALT

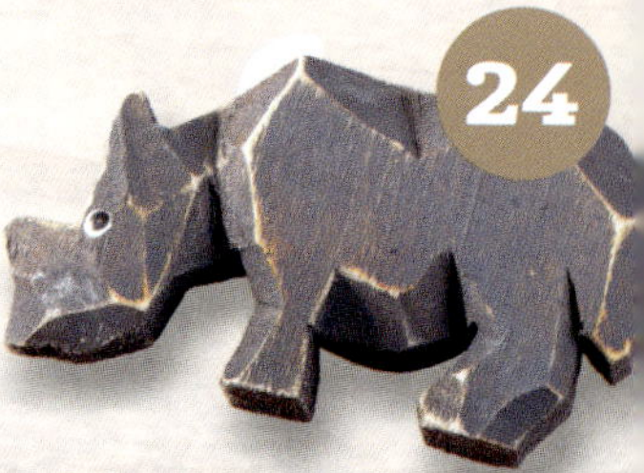

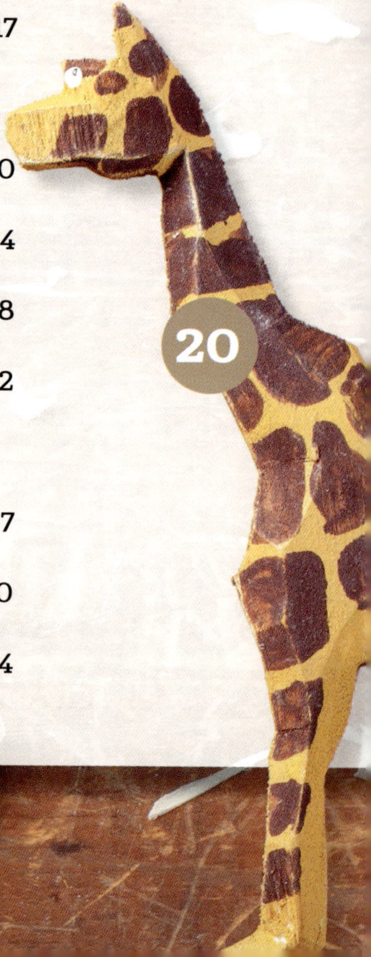

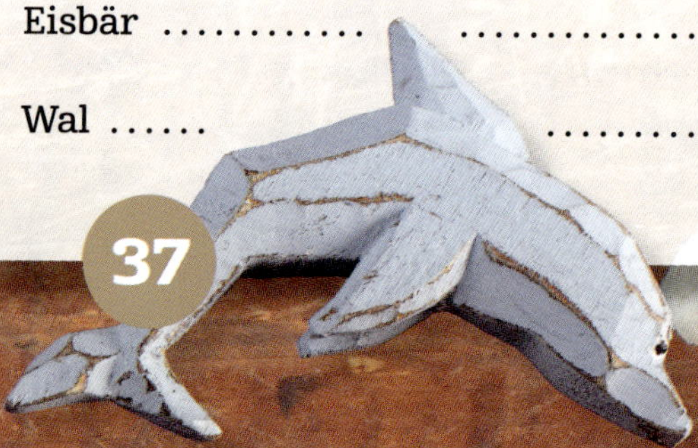

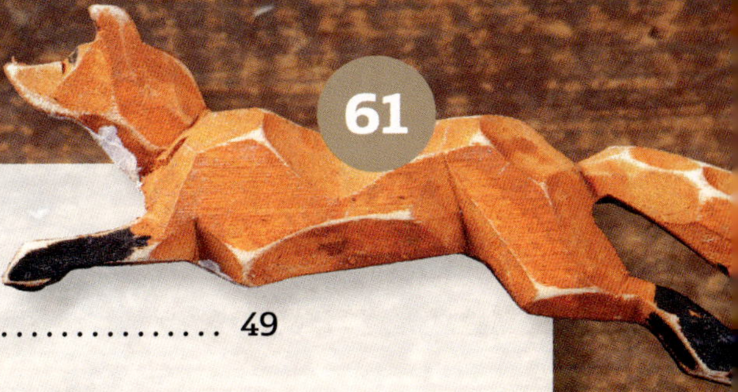

Waldtiere

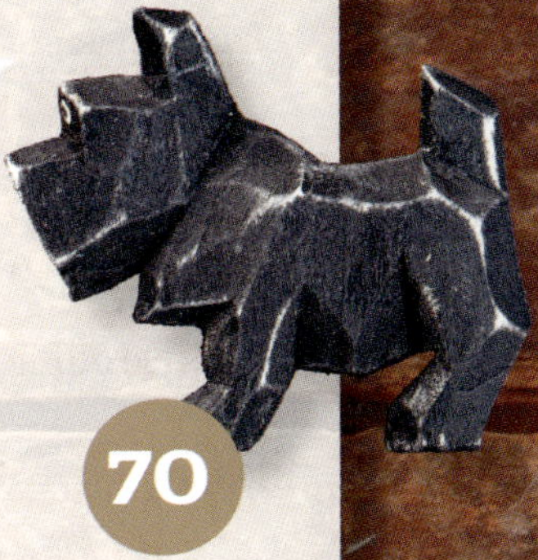

Bauernhoftiere und Haustiere

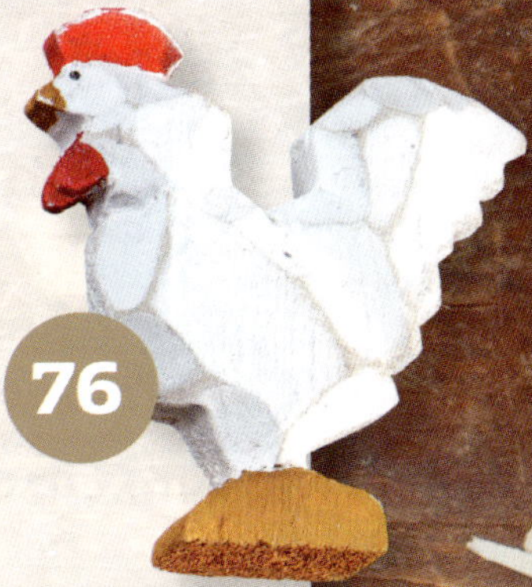

Anhang

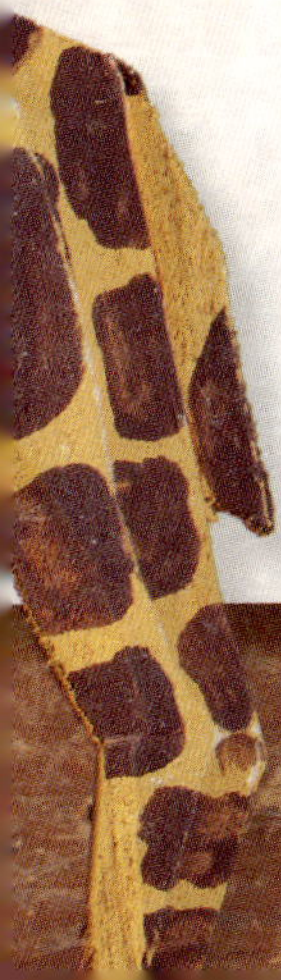

EINLEITUNG

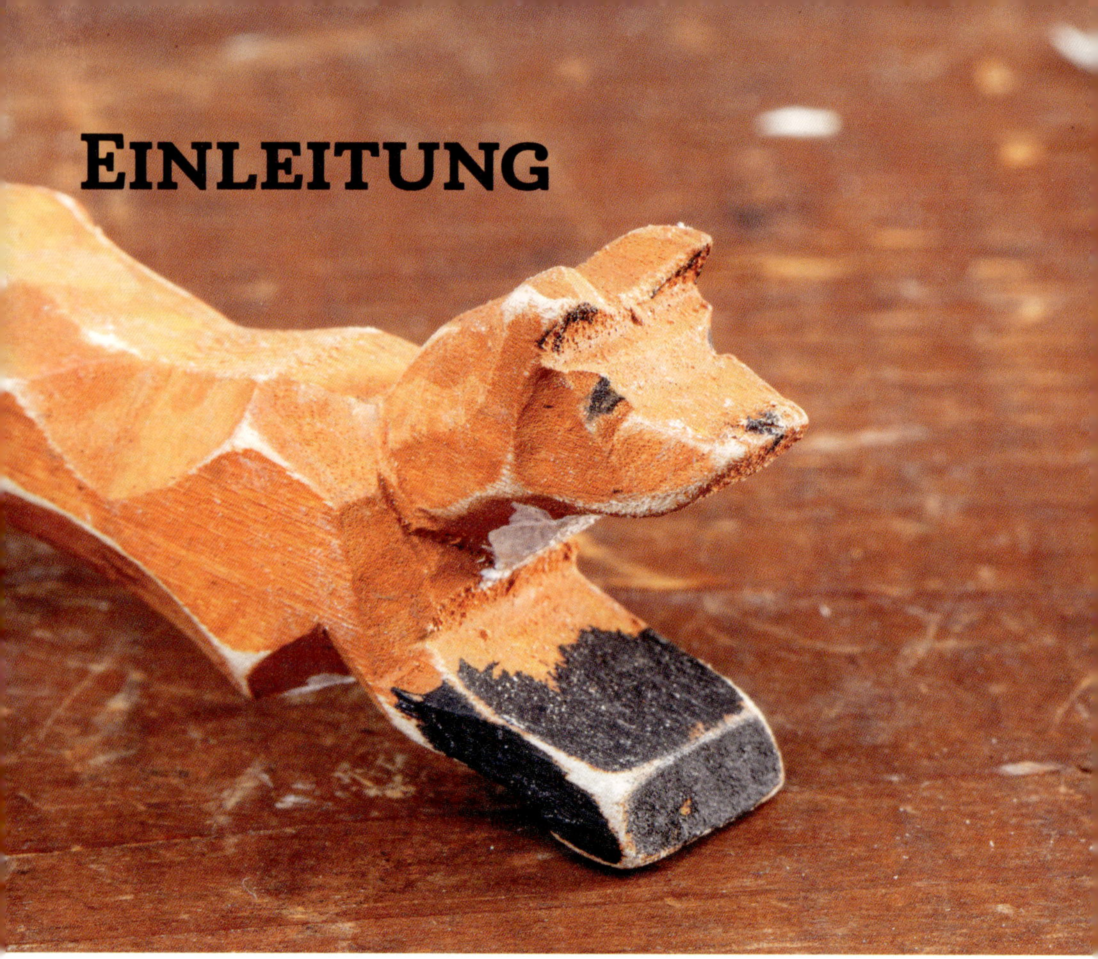

Dieses Buch ist eine Einführung ins Schnitzen mit einem Messer. Ich schnitze in einem vereinfachten flachen und ebenen Stil, indem ich die Form eines Werkstücks mit schrägen Details aufbaue; Sie werden in diesem Buch nicht viele abgerundete Kanten finden! Mit den vier grundlegenden Schnittarten zeige ich Ihnen, wie Sie eine ganze Menagerie von Tieren schnitzen können, vom stolzen Löwen bis hin zum entzückenden Scottish Terrier.

Abgesehen vom ästhetischen Aspekt schnitze ich flach und eben, weil es nicht viel Zeit in Anspruch nimmt. Jedes Projekt in diesem Buch lässt sich mitnehmen und kann in weniger als 20 Minuten fertiggestellt werden! So kann jeder, der einen engen Tagesablauf hat, sich einen Moment Auszeit gönnen und eines meiner Tiere schnitzen.

Unabhängig davon, ob Sie gerade erst beginnen oder schon erfahrener im Schnitzen sind, möchte ich Sie auffordern, den Abschnitt „Erste Schritte“ sowie den Anhang am Ende des Buchs durchzusehen. Diese beiden Abschnitte decken alles Wissenswerte ab – von der Sicherheit beim Schnitzen bis hin zur Wahl des richtigen Messers. Wenn Sie die Grundlagen einmal kennen, gehen Sie weiter zu den Übungen. Sie helfen Ihnen, sicher im Umgang mit dem Messer zu werden, und sind ein gutes Aufwärmprogramm, bevor Sie mit den Projekten durchstarten.

Was ist Schnitzen?

Schnitzen ist das Schneiden von Holz mit einem Messer; Schnitzer verwenden keine Meißel, Hohleisen oder elektrische Werkzeuge. Viele Menschen verbinden mit dem Schnitzen bestimmte Projekte: spitze Stöcke, Holzketten oder eine Kugel im Käfig. Ich denke jedoch beim Schnitzen an jegliche Form der Holzbearbeitung, bei der ausschließlich ein Messer verwendet wird.

Somit bedarf es für das Schnitzen keiner großen Investitionen in Werkzeug oder Holz. Sie benötigen nur ein gutes Messer, ein gutes Stück Holz und ein ordentliches Abziehleder, um die Schneide scharf zu halten. Sie finden in den folgenden Abschnitten (Seite 8–10) Empfehlungen zu geeigneten Messern und Tipps zum richtigen Holz. Wie man ein Messer richtig schärft, können Sie im Anhang unter „Grundlagen des Schärfens" (Seite 89) nachlesen.

Schnitzen ist ein großartiges Hobby, das Sie überall ausüben können. Während andere etwa im Wartezimmer beim Arzt ihr Smartphone hervorholen, arbeite ich an meinem neuesten Projekt! Darum sind die meisten Arbeiten in diesem Buch auch eher klein ausgefallen – ich mag Objekte, die ich in meine Tasche stecken kann, und bevorzuge Projekte, die schnell fertiggestellt werden können. Das macht das Schnitzen auch für Anfänger so attraktiv: Das Erfolgserlebnis stellt sich unmittelbar ein und die Motivation, etwas Neues zu schnitzen, steigt sofort!

Meine Schnitzarbeiten ziehen oft Aufmerksamkeit auf sich, vor allem die von Kindern. Sie sind die beste Zielgruppe für das Schnitzen, da sie kleine Dinge lieben und wenig Details brauchen, um herauszufinden, was das Werkstück darstellt. Doch selbst wenn Sie es nur für Kinder anfertigen, wird Ihr Werkstück charakteristische Merkmale benötigen. So sind Löwen für ihre dichte, üppige Mähne bekannt, die für Kinder und Erwachsene gleichermaßen leicht zu erkennen ist. Bei den Projekten in diesem Buch lernen Sie, welche Merkmale eines Tiers oder Objekts hervorgehoben werden sollen und welche weggelassen werden können, und Sie werden hoffentlich dazu inspiriert, Ihre eigenen Schnitzprojekte zu entwerfen.

Was ist Karikaturschnitzen?

Karikaturschnitzen (im Englischen auch *flat plain carving* oder *caricature carving* genannt) ist eine skandinavische Volkskunst, die eher mit flachen und schrägen Schnitten statt gerundeter Schnitte an den Kanten arbeitet. Mit einem Messer fertigt der Schnitzer eine Form mit nur sehr wenigen Schnitten an, wobei die Kanten meist stehenbleiben, anstelle glattgeschliffen zu werden. Harley Refsal, ein Meister dieses Stils, nennt ihn „die schwierige Kunst der Vereinfachung". Das Karikaturschnitzen gehört zu den Techniken, bei denen von Hand geschnitzt wird.

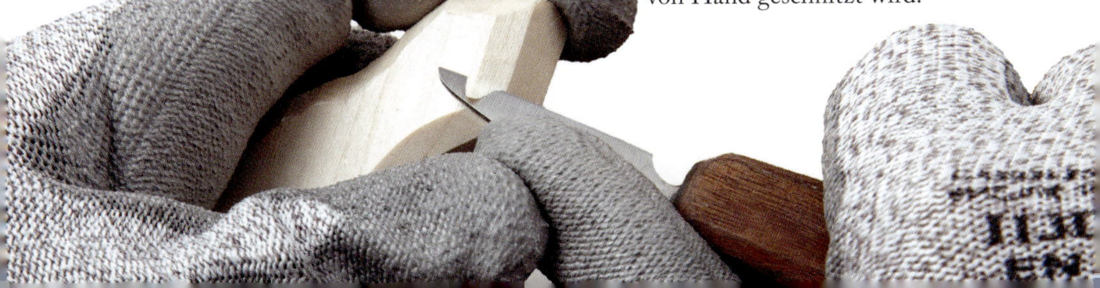

ERSTE SCHRITTE

Was macht ein gutes Schnitzmesser aus?

Eine der besten Eigenschaften des Schnitzens ist, dass man sein Werkstück überallhin mitnehmen kann. Das bedeutet, dass das Messer, das Sie verwenden, einfach zu transportieren sein sollte. Ich verwende am liebsten ein klappbares Taschenmesser; es gibt nämlich nichts Praktischeres als einfach und sicher ein Klappmesser in seine Tasche stecken zu können. Wenn Sie lieber ein normales Schnitzmesser verwenden möchten, achten Sie darauf, die Klinge in eine richtige Scheide oder Hülle zu stecken, bevor Sie es transportieren. Viele Schnitzer benutzen dafür Kork oder einen Silikonschlauch.

Viele Hersteller erzeugen Klappmesser zum Schnitzen, deren Klingen klassischen Schnitzmessern ähneln. Diese Spezialmesser können sehr teuer sein. Sie sind ihren Preis wert, wenn Sie sehr viel schnitzen, aber grundsätzlich benötigen Sie sie nicht.

Viele Schnitzer verwenden ein zweites Taschenmesser für den alltäglichen Gebrauch, etwa zum Öffnen von Kartons, um zu vermeiden, dass das Messer, das sie zum Schnitzen verwenden, stumpf wird. Bei der Wahl des Taschenmessers fürs Schnitzen sollten Sie folgende Faktoren beachten:

Kohlenstoffstahlklinge

Viele Taschenmesserklingen werden aus Edelstahl gefertigt. Edelstahl bleibt lange scharf und rostet nicht, wenn Sie das Messer mit feuchter Klinge schließen – beides einzigartige Vorzüge eines Taschenmessers. Da Edelstahl sich nur langsam abnutzt, lässt er sich allerdings auch nur langsam wieder schärfen. Die meisten Schnitzwerkzeuge werden aus Kohlenstoffstahl (auch Karbonstahl genannt) gefertigt. Messer aus diesem Stahl sind teurer als jene mit Edelstahlklingen, aber leichter zu schärfen.

Viele Hersteller erzeugen hochkarbonhaltige rostfreie Stahlklingen, die die Haltbarkeit des rostfreien Stahls mit den Vorzügen des Kohlenstoffstahls verbinden.

Klingenposition

Manche Taschenmesser haben 10 bis 20 Funktionen und entsprechendes Zubehör. Solche Messer sind normalerweise für den langfristigen Gebrauch eher unbequem und die Klingen, mit denen Sie schnitzen wollen, befinden sich selten in der Mitte des Griffes. Dadurch verlieren Sie an Hebelwirkung, was wiederum die Kraft und Kontrolle beim Schnitzen einschränkt. Suchen Sie stattdessen nach einem Messer mit nur zwei oder maximal drei Klingen. Bei diesen Messern finden Sie in der Regel die passende Klingenposition vor.

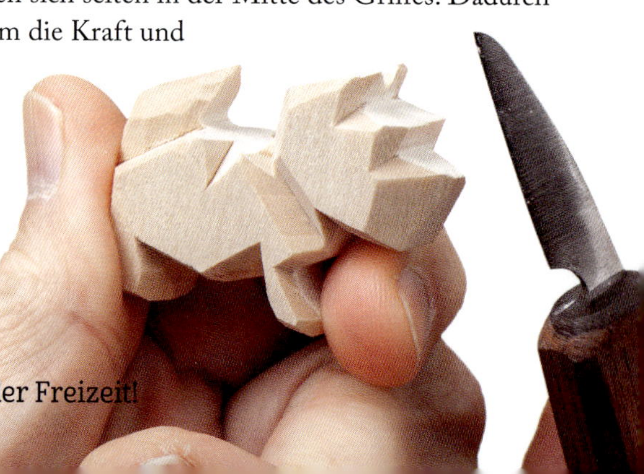

Klingenformen

Suchen Sie nach einer Schaffuß-Klinge (Sheepfoot-Klinge); eine, deren Spitze sich möglichst in einer Linie mit der Schneide befindet, ähnlich wie bei einem Teppichmesser oder Cutter. Viele Taschenmesser haben eine Drop-Point-Form, bei der die Spitze des Messers in der Mitte der Klinge liegt. Diese Form eignet sich grundsätzlich gut zum Schneiden, macht das Schnitzen von Details jedoch schwieriger. Ich ziehe Messer ohne Abschrägung und flacher Schneide vor. Sie können eine Klinge mit Schleifstein und Sandpapier auch umformen, was allerdings sehr zeitaufwändig ist.

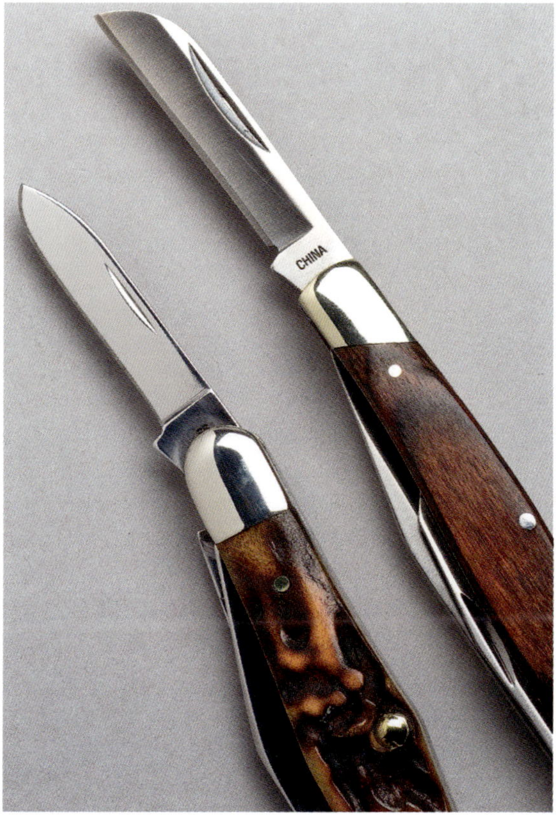

Eine Schaffuß-Klinge (oben) ist besser fürs Schnitzen geeignet als eine Drop-Point-Klinge (unten).

Messer mit Arretierung

Eine Arretierung verhindert – zum Schutz Ihrer Finger – das unbeabsichtigte Wiedereinklappen der Klinge. Wenn Sie sich stets bewusst sind, dass das Messer zusammenklappen kann, können Sie mit jedem Messer sicher arbeiten, egal ob es eine Arretierung hat oder nicht.

Wie Sie Ihr passendes Messer wählen

Das ideale Messer auszuwählen, ist eine Frage der persönlichen Präferenz. Das Größenverhältnis zwischen Hand und Griff hat einen starken Einfluss darauf, wie angenehm die Benutzung des Messers über einen längeren Zeitraum sein wird. Das perfekte Messer Ihres Freundes ist nicht zwangsläufig das passende für Sie. Fragen Sie andere Schnitzer nach ihrer Meinung, aber nehmen Sie mehrere Messer in die Hand, bevor Sie eines kaufen.

Die Wahl des Holzes

Die wichtigste Voraussetzung für die Wahl des Schnitzholzes besteht darin, aus dem Holz Details schnitzen zu können. Dazu braucht es eine enge Maserung, die frei von Astlöchern sein muss. Es gibt mehrere Holzarten, die diese Kriterien erfüllen. Für ungeübte Schnitzer sollte das verwendete Holz überdies leicht zu schnitzen sein. Darum wird in den USA das Holz dort wachsender Lindenarten verwendet; in Europa geben Schnitzer den europäischen Linden den Vorzug. Diese Hölzer sind bereits zu niedrigen Preisen erhältlich. Das bedeutet aber nicht, dass sich andere Holzarten nicht zum Schnitzen eignen; das Erfolgserlebnis wird bei Lindenholz für weniger geübte Schnitzer aber größer sein.

Beachten Sie, dass Linde nicht gleich Linde ist. Wenn Sie härteres Holz schnitzen, besprengen Sie es mit einer 1:1-Mischung aus Wasser und Reinigungsalkohol und lassen Sie die Feuchtigkeit einziehen. So lässt sich das Holz leichter verarbeiten.

Das Vorbereiten eines Rohlings

Das erste, was Sie an Ihrem Holzblock beachten sollten, sind das Hirnholz (an den Brettenden) und das Längsholz (entlang der Brettlänge). Der Holzschnitzmeister Everett Ellenwood beschreibt treffend, Hirnholz sehe aus „wie das Ende eines Strohhalmbündels", das sich über die gesamte Länge des Holzes erstrecke. Richten Sie das Muster immer so aus, dass der schwächste Teil der Schnitzarbeit von der Stärke dieser langen „Bündel" profitieren kann. Zum Beispiel sollte ein Giraffenhals entlang der Holzmaserung verlaufen; richten Sie die Maserung horizontal aus, wird der Hals wahrscheinlich brechen.

Die Vorlagen, die ich für das Karikaturschnitzen verwende, sind eindimensionale Seitenansichten des zu schnitzenden Motivs. Sie können diese Muster von verschiedensten Quellen beziehen: aus Ihren eigenen Skizzen, aus Malbüchern und urheberrechtsfreien Illustrationen im Internet. Sie müssen wahrscheinlich an den meisten Bildern, die Sie finden, Änderungen vornehmen. Die meisten Tierzeichnungen haben abgerundete Kanten; zeichnen Sie gerade Linien, um anstatt einer exakten Kopie einen Gesamteindruck über die Silhouette des Tiers zu vermitteln.

Sobald Sie sich für ein Thema und eine Illustration entschieden haben, müssen Sie die Größe des Motivs anpassen. Sie können einen Kopierer oder einen Computer mit Drucker verwenden, um das Muster zu verkleinern oder zu vergrößern, damit es Ihren Vorstellungen entspricht. Wenn Ihr Muster fertig ist, übertragen Sie es mit einem Bleistift auf das Holz und schneiden Sie die Form mit einer Dekupier-, Band- oder Stichsäge zu. Jetzt sind Sie startbereit zum Schnitzen!

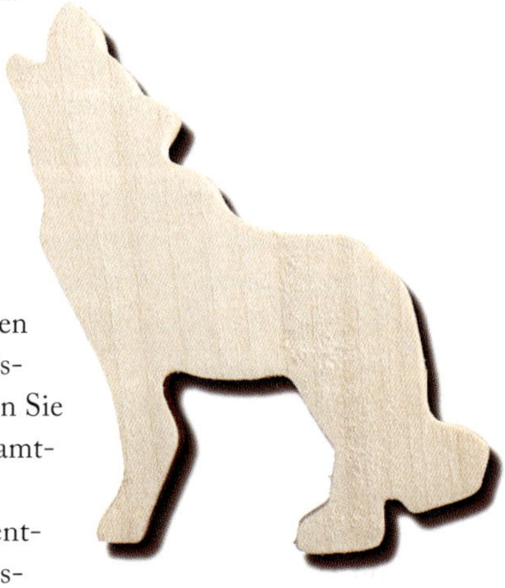

Wenn Sie die Form auf das Holz übertragen haben, können Sie den Rohling mit der Säge Ihrer Wahl ausschneiden.

PROJEKTE

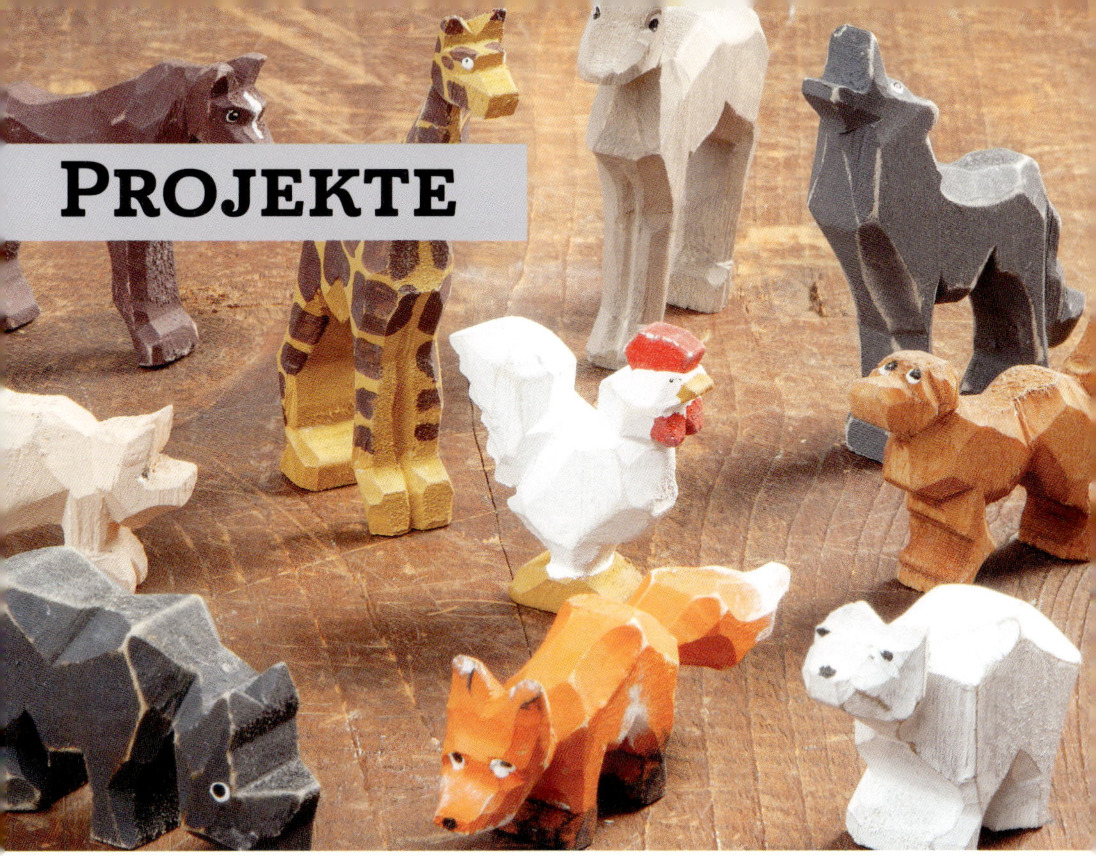

Tiere gehören zu meinen Lieblingsschnitzfiguren! Bei so vielen verschiedenen Spezies, aus denen man wählen kann, fehlt es mir nie an Inspiration. Für dieses Buch bin ich in der afrikanischen Savanne umhergestreift und habe Meere, Wald und Bauernhof für einige der bekanntesten und beliebtesten Tiere an Land und im Wasser durchforstet. Im Abschnitt „Tiersafari" sehen Sie eine Giraffe, ein Nashorn, einen Löwen und ein Nilpferd. Einige der aufregendsten Tiere leben im Wasser oder in dessen Nähe, darunter der Delphin, der Eisbär und der Wal. Als Nächstes spazieren Sie durch den Wald und halten Ausschau nach einem Hirsch, einem Wolf und zwei Füchsen (einer steht, der andere ist auf der Jagd). Schließlich finden Sie möglicherweise einige bekannte Gesichter von der Farm, darunter ein Golden Retriever, ein Scottish Terrier, ein Pferd, ein Huhn und ein Schwein.

Diese Tiere machen sich ausgezeichnet als Geschenk. Während einige der Werkstücke für kleine Kinder zu klein sein mögen, werden ältere Kinder (und Erwachsene) es lieben, ihr Lieblingstier in Holz verwirklicht zu sehen. Experimentieren Sie mit verschiedenen Farben und Techniken, um jede Kreatur individuell zu gestalten – Sie können so realistisch oder so phantasievoll sein, wie Sie möchten.

Ich habe die folgenden Übungen und Projekte entworfen, um Ihnen eine solide Grundlage für all Ihre zukünftigen Schnitzprojekte zu vermitteln. Jede Arbeit bietet Ihnen die Gelegenheit, verschiedene Schnitte auszuprobieren. Wenn Sie gerade erst anfangen, werden Sie feststellen, dass sich die eine Schnittart einfacher oder natürlicher anfühlt als andere. Mit etwas Übung werden Sie mit den verschiedenen Schnitten vertraut und lernen, sie effektiv zu verwenden.

Grundlagen: Übungsstück

Material & Werkzeug

Material:

- Lindenholz, 1,9 cm dick: 5,1 cm x 17,8 cm

Werkzeug:

- Messer

Früher lehrte man junge Mädchen die grundlegenden Stiche, die zum Nähen notwendig sind. Sie fertigten Übungsstücke, so genannte „Mustertücher“, an, bei denen die wichtigsten Stiche immer und immer wieder wiederholt wurden. Diese Übungsstücke konnten sehr einfach gehalten, aber auch aufwändigere Arbeiten mit Wörtern und Szenen sein. Die Absicht hinter dieser Beschäftigung: Üben, Üben, Üben.

Ich habe genau solche Übungsstücke entworfen, damit Einsteiger die grundlegenden Schnitte zum Schnitzen üben können, nämlich den „Stopp-“ oder „Einschnitt“, den „Schiebeschnitt“ und den „Schälschnitt“. Auf Seite 87 können Sie im Anhang Näheres über die grundlegenden Schnitte nachschlagen.

Bei diesem Projekt üben Sie sowohl an jeder Kante des Rohlings als auch an den Flächen. An der ersten und zweiten Kante üben Sie Stoppschnitte und Kerben. Dies wird Sie darauf vorbereiten, an der dritten und vierten Kante das Schnitzen von Nasen und Augen zu üben.

Auch wenn diese Übung besonders hilfreich beim Schnitzen von Menschen ist, lässt sie sich bei Tierprojekten anwenden.

Einschnitte schnitzen

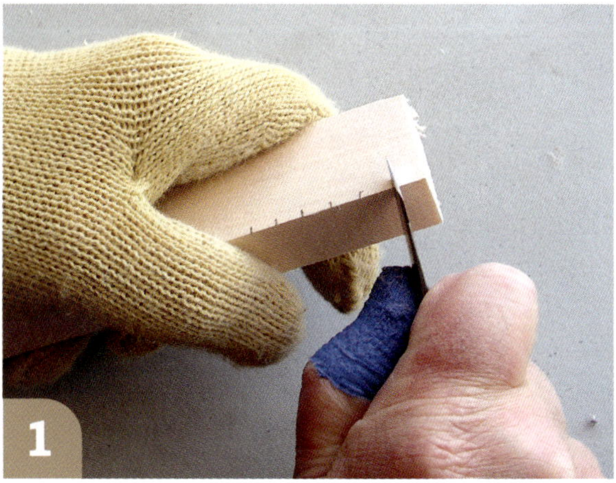

Bringen Sie Einschnitte an Kante 1 und 2 an. An zwei Kanten im Abstand von 6 mm eine Markierung anbringen und dort je einen flachen, etwa 3 mm tiefen Einschnitt schnitzen.

Einschnitte leichter schnitzen

Jetzt ist der richtige Zeitpunkt für eine neue gute Angewohnheit: Beim Schnitzen kleinerer Projekte gelingen Einschnitte leichter, indem Sie das Holz in die Klinge drücken anstatt die Klinge in das Holz. Das gelingt vielleicht nicht immer, aber üben Sie es, wann immer das möglich ist. Setzen Sie die Klinge an die Markierung, halten Sie sie fest und wiegen Sie das Holz in die Klinge, um den Einschnitt zu schnitzen.

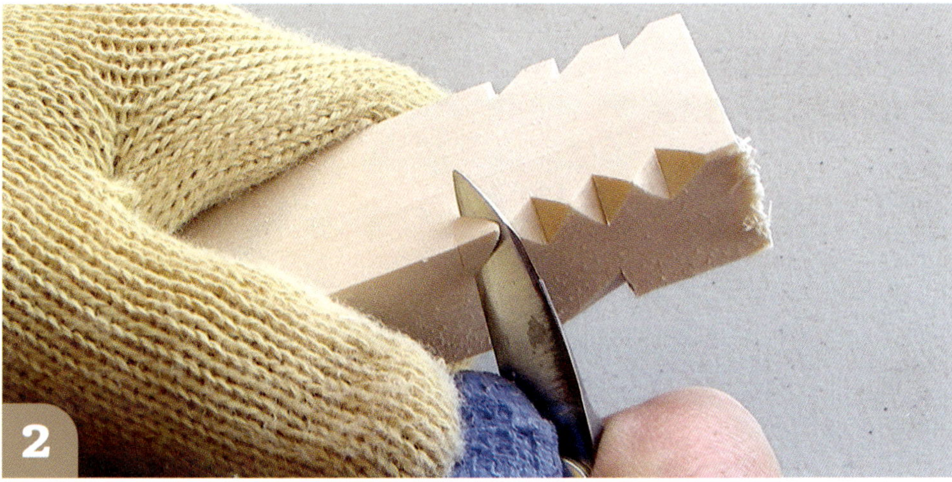

Kerben schnitzen. Entfernen Sie kleine, schräge Späne von jeder Seite der Einschnitte, um gleichmäßig angeordnete Kerben zu erhalten. Hierbei handelt es sich um Schälschnitte.

Augen und Nase schnitzen

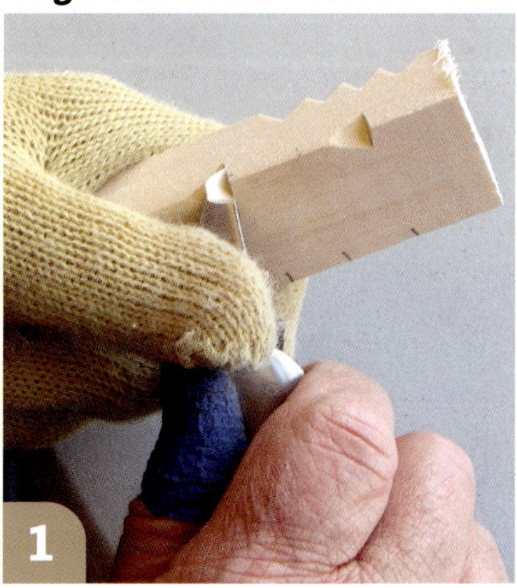

Schnitzen Sie den Unterteil einer Nase. An Ecke 3 und 4 Abstände von 1,9 cm markieren. Bringen Sie 5 mm tiefe Einschnitte bei jeder Markierung an und entfernen Sie dann mit dem Schiebeschnitt einen Holzspan über jedem Einschnitt. So entsteht der Unterteil einer Nase. Bei den übrigen Einschnitten wiederholen.

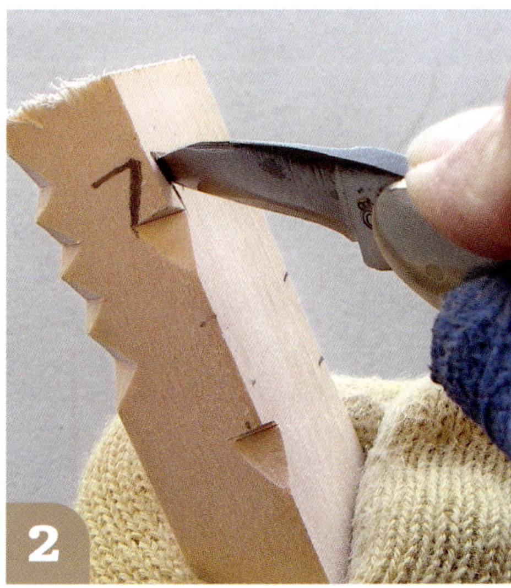

Die Nase fertigstellen. Zeichnen Sie die Nase und die Oberkanten der Augen. Machen Sie Einschnitte auf beiden Seiten der Nase, indem Sie die Messerspitze oben auf jeder Seite in das Holz stechen und dann die Klinge bis zum unteren Ende der Nase wiegen (s. Foto). Die Klinge anwinkeln, damit Sie die Nase nicht unterhöhlen.

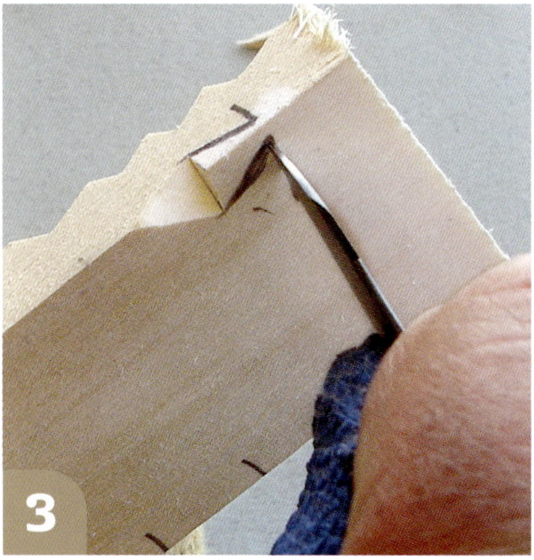

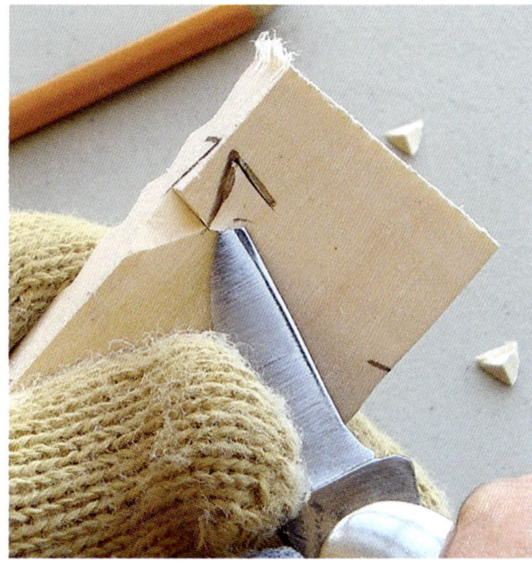

Schnitzen Sie die Augenhöhlen. Machen Sie an der Oberkante jeder Augenhöhle Einschnitte, indem Sie die Messerspitze dort in das Holz stechen, wo es auf den oberen Rand der Nase stößt, und dann herausschaukeln (siehe Foto links). Schneiden Sie dann mit der Messerspitze bis zu den Einschnitten, die die Seiten der Nase und die Oberseite der Augenhöhlen definieren, und entfernen Sie einen Holzspan von jeder Seite der Nase. Der tiefe Bereich, in dem die Schnitte aufeinandertreffen, ist die Augenhöhle. Üben Sie an den verbleibenden Markierungen an dieser Ecke des Werkstücks das Schnitzen von Nasen- und Augenpartie.

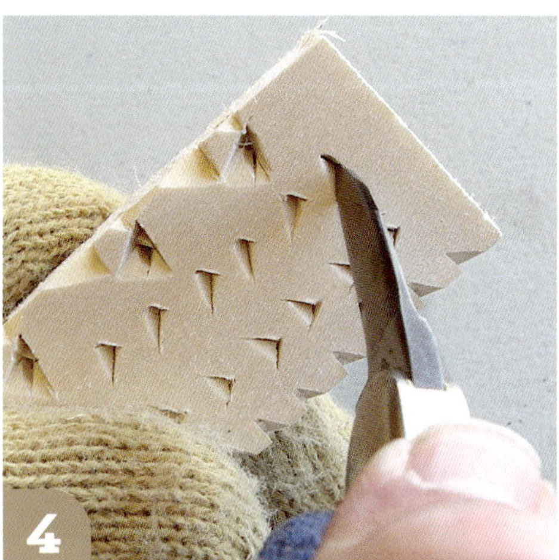

Augen schnitzen üben. Verwenden Sie auf einer Fläche des Rohlings (zwischen den Ecken) die Klingenspitze, um zwei kurze, sich kreuzende Einschnitte zu schnitzen. Dann entfernen Sie den Holzspan, der von diesen beiden Einschnitten begrenzt ist, mit der Messerspitze.

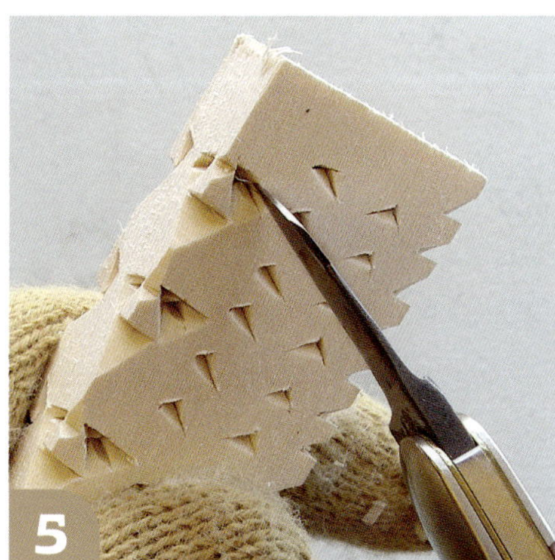

Die Augenhöhlen mit Augen versehen. Jetzt, wo Sie sich beim Schnitzen schon wohlfühlen, üben Sie das Hinzufügen dieser Stoppschnitt-Augen an den Augenhöhlen an Ecke 3 und 4.

Übung 1: Mit/gegen die Maserungsrichtung schnitzen

Wenn Sie ein Schnitzneuling sind, nutzen Sie diese Übung, um die grundlegenden Schnittarten (Einschnitt, Schälschnitt, Schiebeschnitt) und ihre Abwandlungen zu üben. Ziel ist es, ein sauberes, einheitliches Schnittbild (flache, ebene Schnitte) zu erreichen. Bevor Sie damit beginnen, machen Sie sich mit den Sicherheitsvorkehrungen beim Holzschnitzen (Seite 85) vertraut.

Bereiten Sie den Rohling vor; ich habe eine Dekupiersäge verwendet, um einen 1,3 cm dicken Kreis aus Lindenholz mit einem Durchmesser von 10,2 cm herauszuschneiden. Für diese Übung brauchen Sie außerdem ein Schnitzmesser, einen Schnittschutzhandschuh für die Hand, die das Holz festhält, und einen Daumenschutz an der Hand, die das Messer führt.

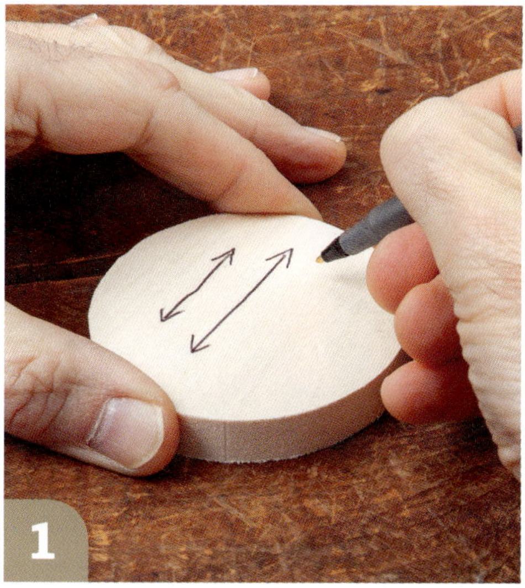

Markieren Sie die Faserrichtung. Betrachten sich die flache Oberfläche des Kreises, um den Verlauf der Holzmaserung zu bestimmen. Markieren Sie die Richtung auf dem runden Rohling mit einem Stift.

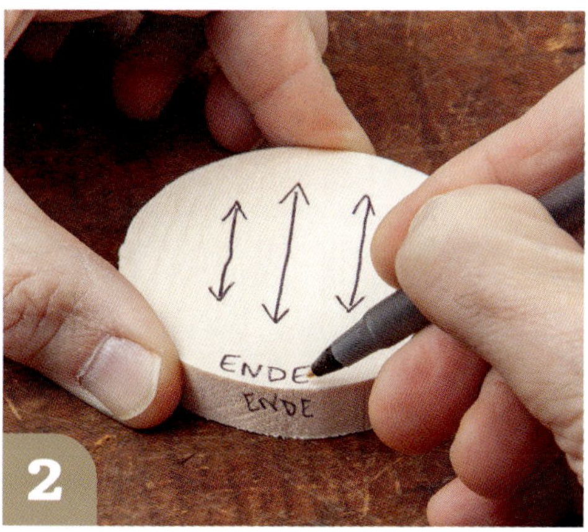

Markieren Sie das Hirnholz. Der Bereich, der entgegen der markierten Maserungsrichtung verläuft, ist das Hirnholz. Markieren Sie es mit einem Stift.

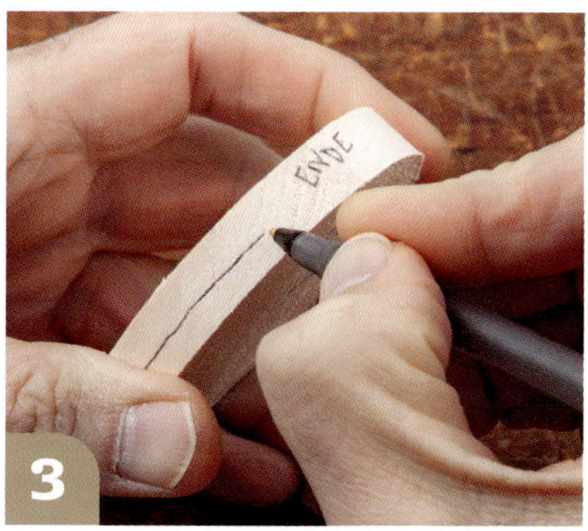

Markieren Sie die Mittellinie entlang des Rohlingsrandes.

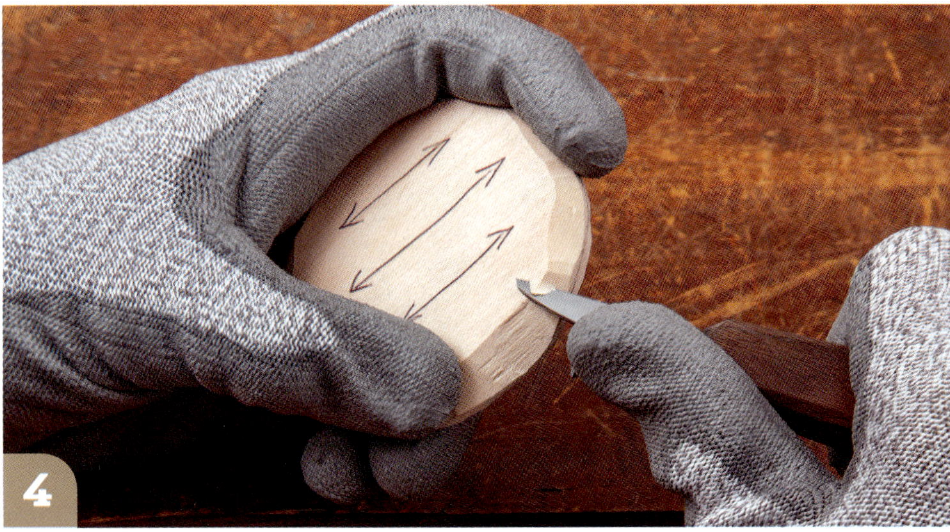

Bringen Sie flache Einschnitte an beiden Seiten des Rohlings an den Rändern des Kreises in einem Abstand von 1,9 cm bis 2,5 cm an. Mit dem Schälschnitt und einem Schiebeschnitt, der Ihren Daumen als Drehpunkt hat, entfernen Sie einen 1,9 cm langen Holzspan vom Rand einer Seite des Rohlings. Nähern Sie sich Ihrem ersten Schnitt langsam an und beachten Sie die Richtung der Holzmaserung. Wenn Sie Widerstand spüren, während sich die Messerklinge in das Holz gräbt, arbeiten Sie gegen den Verlauf der Fasern. Arbeiten Sie in entgegengesetzter Schnittrichtung, um in der Maserungsrichtung zu schnitzen. Das Messer sollte leicht durch das Holz gleiten. Fahren Sie mit ähnlich großen Schnitten rund um den Rohling fort und verjüngen Sie ihn in Richtung der Mittellinie an den Rändern.

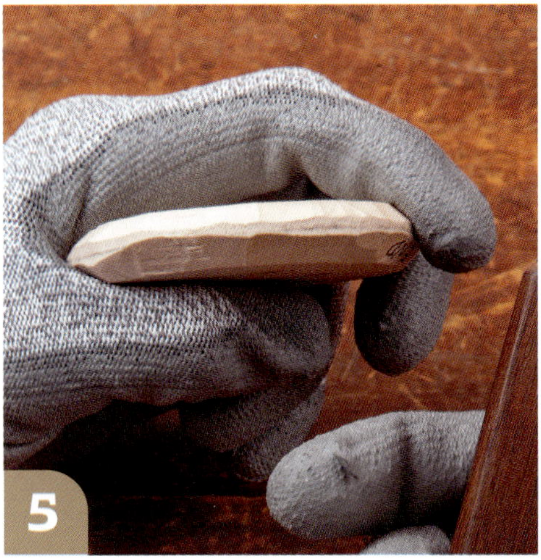

Drehen Sie den Rohling um und wiederholen Sie das Ganze. Machen Sie dieselben Schnitte auf der anderen Seite des Rohlings, damit sie zu jenen auf der ersten Seite passen.

Tipps, um Ausreißen und Wegschnitzen von zu viel Holz zu vermeiden:

- Halten Sie Ihre Klinge scharf. Ein scharfes Messer erzeugt glattere Schnitte.
- Beginnen Sie dünn! Fangen Sie einen Schnitt mit dem Hintergedanken an, dass Sie nur ein dünnes Scheibchen Holz entfernen möchten.
- Arbeiten Sie beim Schnitzen nur mit begrenztem Einsatz von Kraft und Druck.

Übung 2: Auf- und Abwärtsschnitzen

Wie auch die erste Übung, hilft Ihnen diese dabei, besser mit ebenen Flächenschnitten umzugehen. Die vielen Kanten und Kurven des Rohlings bereiten Sie auf die verschiedenen Kanten und Kurven Ihrer Schnitztiere vor. Sie stoßen auf Hirnholz und Maserung, die entlang des Rohlings verläuft. Schneiden Sie diese Form oder einen ähnlich geformten Rohling auf der Dekupiersäge zu. Mein Rohling besteht aus 1,3 cm dickem Lindenholz.

Glatte Schnitte

Um einen sauberen Messerschnitt zu erzielen, der sich sowohl sicher als auch angenehm ausführen lässt, müssen Sie das Stück möglicherweise mehrmals drehen, um den idealen Schnittwinkel zu finden, bei dem das Messer in Maserungsrichtung geführt wird, was wiederum für einen sicheren und festen Griff sorgt.

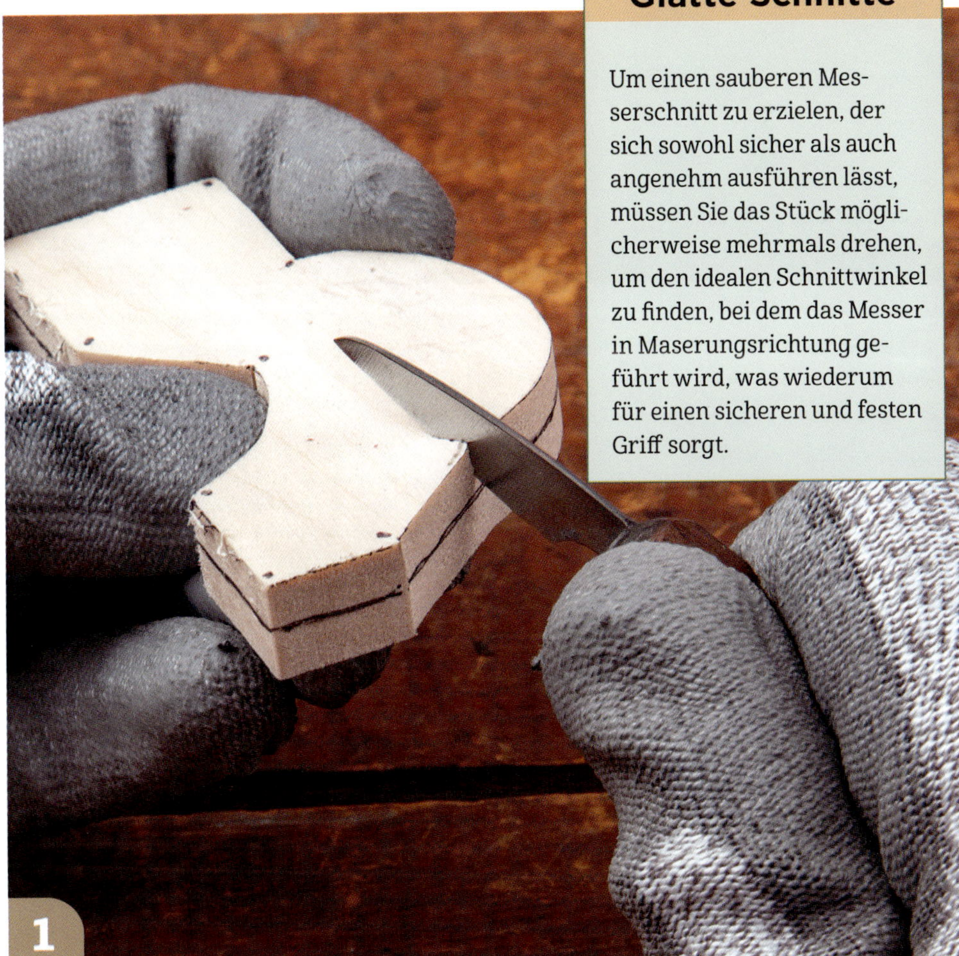

1

Schnitzen Sie flache Einschnitte rundherum entlang der Ränder des Rohlings, und zwar an Stellen, an denen sich Linien treffen. Versuchen Sie, die Schnitte ungefähr in der gleichen Tiefe auszuführen. *Hinweis: Versuchen Sie, den Rohling hin- und herzuwiegen, während Sie das Messer ruhig halten.*

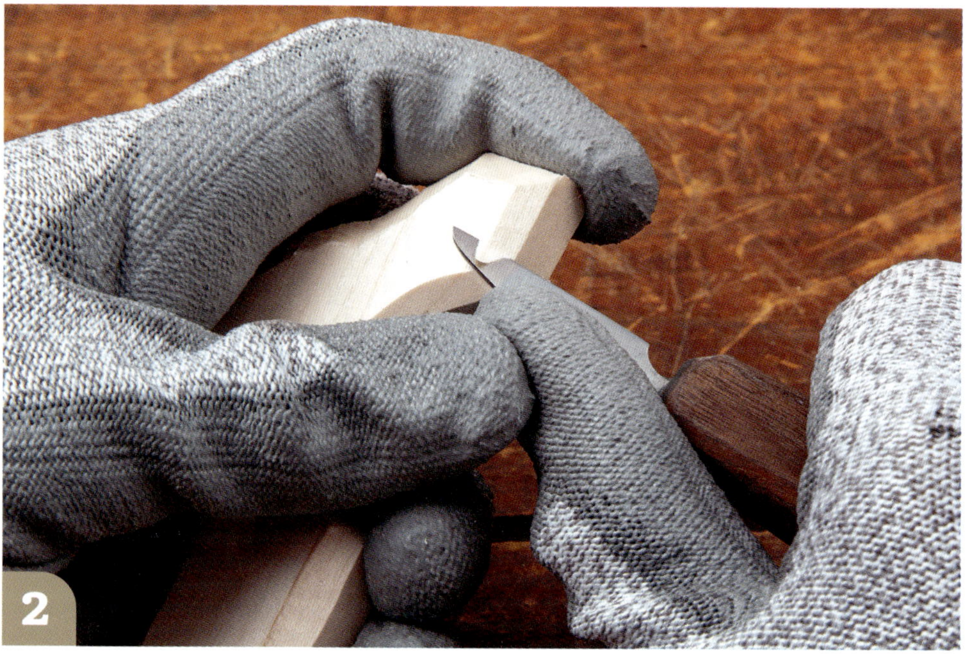

Entfernen Sie dünne Holzscheibchen von einem Einschnitt bis zum nächsten. Beginnen Sie, wo immer Sie möchten. Arbeiten Sie mit dem Schälschnitt oder dem Schiebeschnitt unter Zuhilfenahme des Daumens. Versuchen Sie, saubere, durchgehende Schnitte mit gleichmäßiger Breite zu machen.

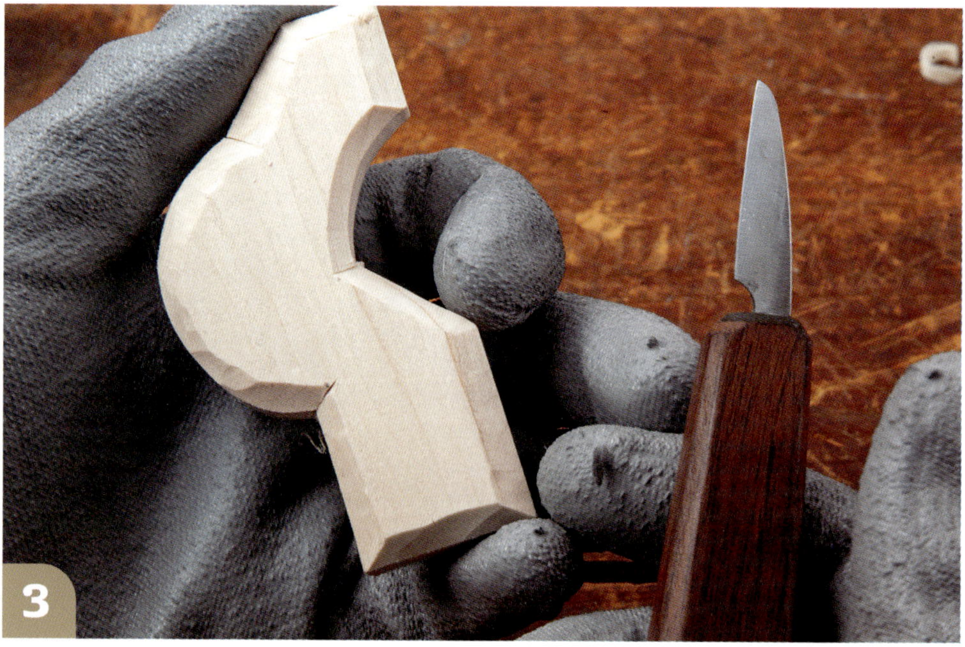

Arbeiten Sie weiter rund um den gesamten Rohling. Drehen Sie ihn dann um und wiederholen Sie dasselbe auf der anderen Seite.

Tiersafari

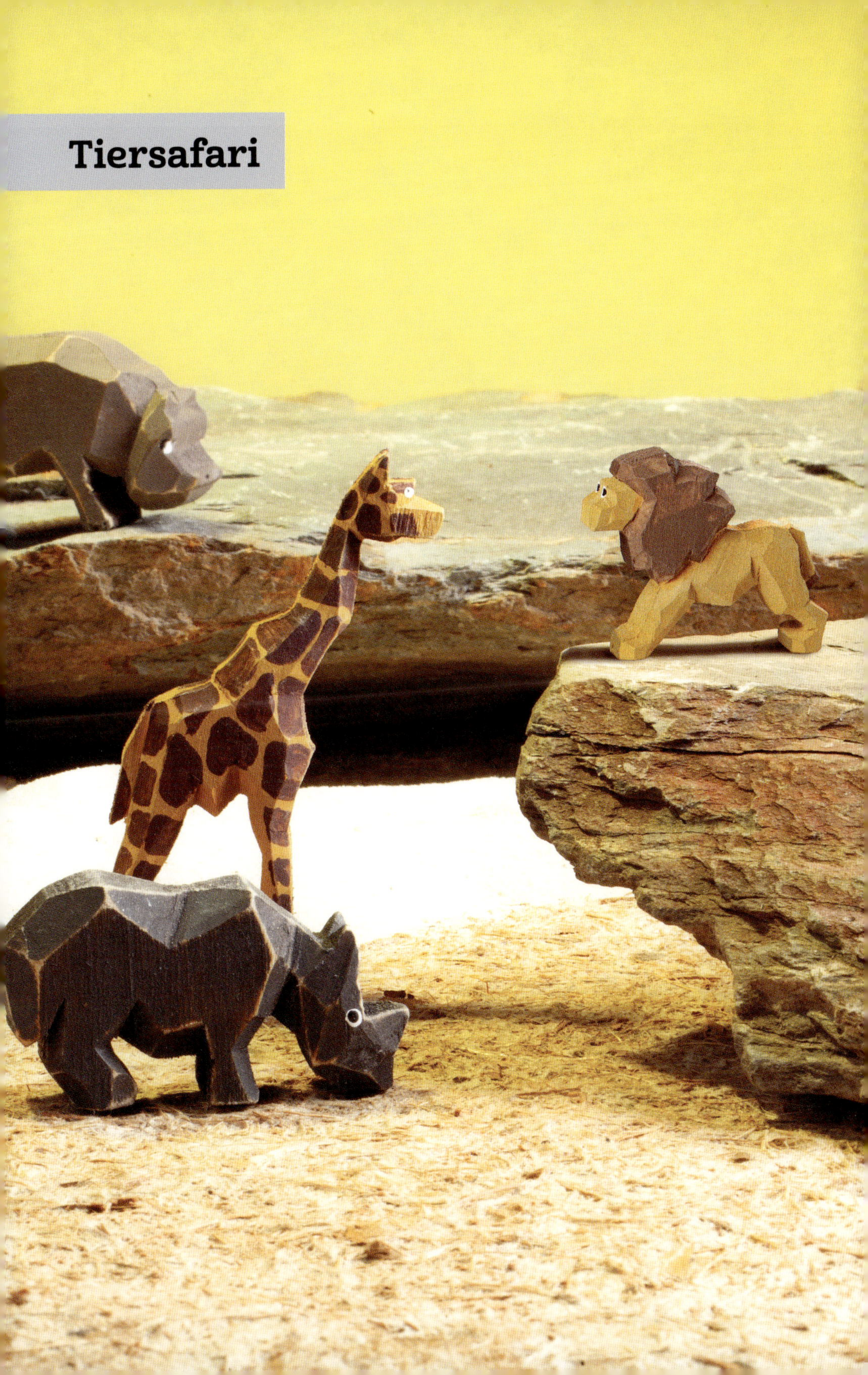

Giraffe

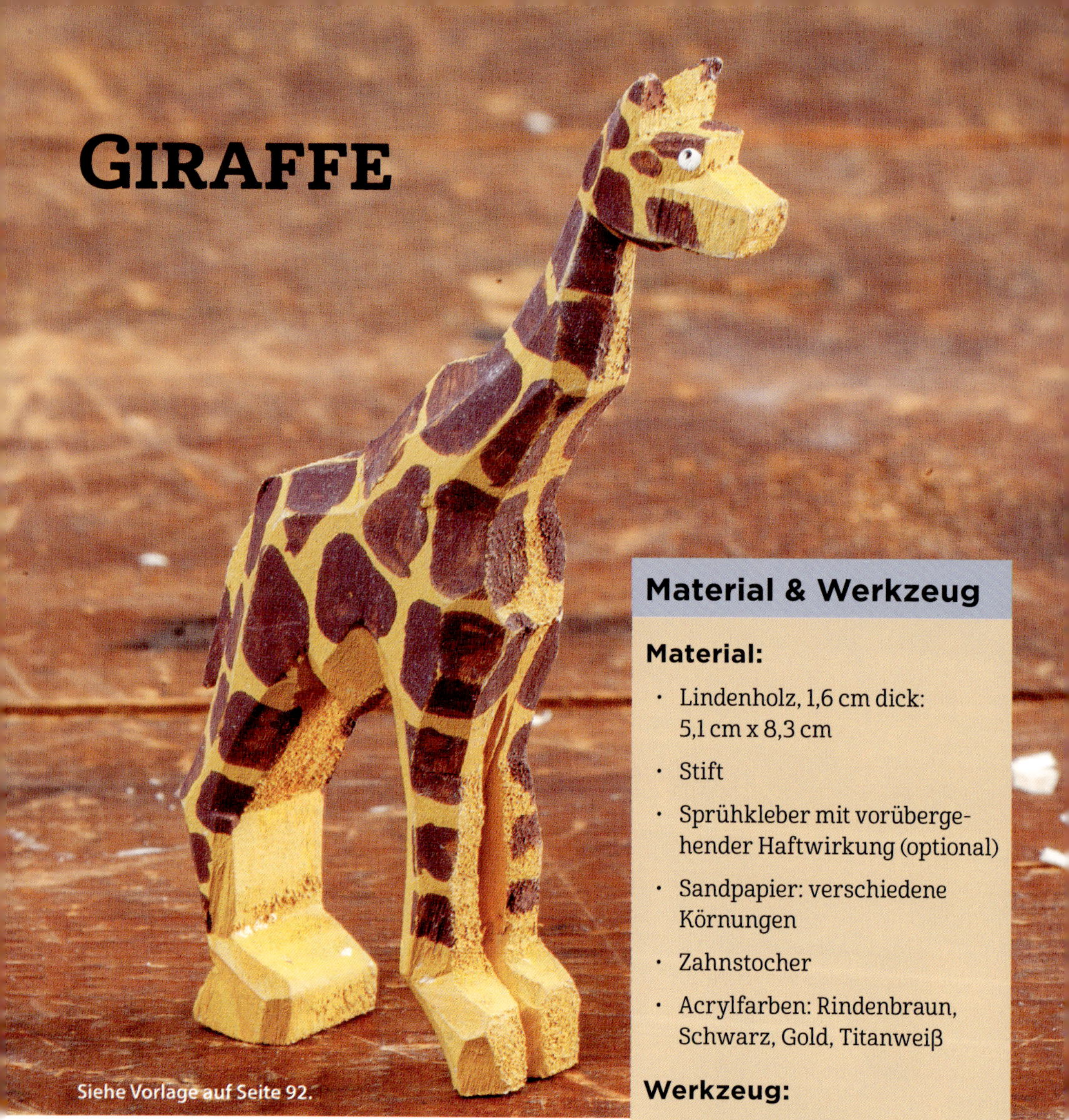

Siehe Vorlage auf Seite 92.

Material & Werkzeug

Material:

- Lindenholz, 1,6 cm dick: 5,1 cm x 8,3 cm
- Stift
- Sprühkleber mit vorübergehender Haftwirkung (optional)
- Sandpapier: verschiedene Körnungen
- Zahnstocher
- Acrylfarben: Rindenbraun, Schwarz, Gold, Titanweiß

Werkzeug:

- Bogen-, Band- oder Dekupiersäge
- Schnitzmesser
- Farbpinsel: Auswahl kleiner Pinsel

Wer diesen sanften Riesen meistert, will hoch hinaus – und hat es mit Bravour geschafft! Obwohl Giraffen die höchsten Tiere der Welt sind, erfordert meine Mini-Version nicht mehr Kraft oder Können als der Rest der Projekte in diesem Buch – außer vielleicht beim Zeichnen. Achten Sie darauf, die Beine in der Mitte verbunden zu halten, da der Versuch, sie vollständig zu trennen, zum Bruch führen kann. Genießen Sie Ihren Besuch in der afrikanischen Savanne!

Erste Schritte

Übertragen Sie die Vorlage auf das Holz und nehmen Sie dabei einen temporären Sprühkleber zur Hilfe oder greifen Sie auf Ihre bevorzugte Methode zurück. Schneiden Sie das Werkstück dann mit einer Band-, Dekupier- oder Bogensäge entlang der Umrisse zu. Zeichnen Sie auf beiden Seiten Detaillinien für Hals, Beine und Schwanz sowie eine Mittellinie entlang der Rohlingskanten ein.

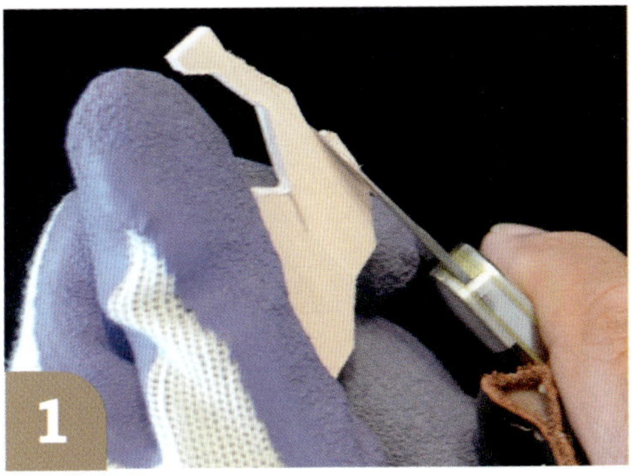

Den Schwanz schnitzen. Schneiden Sie auf beiden Seiten des Rohlings Stoppschnitte zwischen Rumpf und Schwanz der Giraffe. Dafür legen Sie zunächst die Klinge auf die Kante des Rohlings und wiegen sie dann über die Bleistiftlinie nach oben und unten. Beginnen Sie nun, den Schwanz zu formen. Machen Sie eine Reihe flacher, aber entschiedener Schnitte vom Ende des Schwanzes bis zu dem Einschnitt, den Sie gerade angefertigt haben. Verwenden Sie Ihren Daumen als Drehpunkt, um die Kontrolle zu behalten. Schnitzen Sie den Schwanz so lange dünner, bis Sie auf beiden Seiten etwa ein Drittel der Breite entfernt haben.

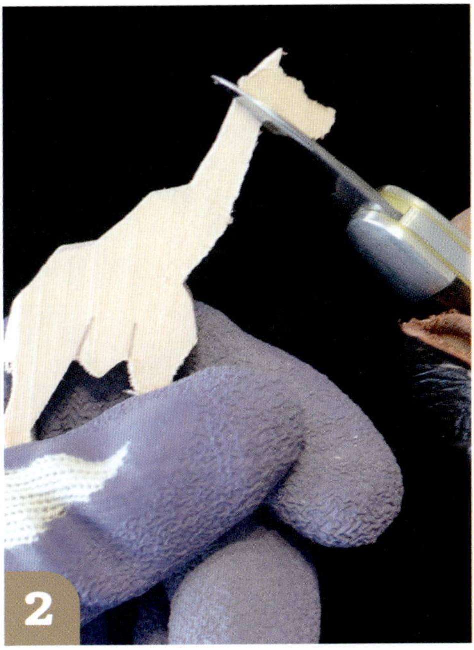

Den Kopf schnitzen. Machen Sie Stoppschnitte zwischen Kopf und Hals der Giraffe auf beiden Seiten des Rohlings. Machen Sie auch hier die Wiegebewegung aus Schritt 1.

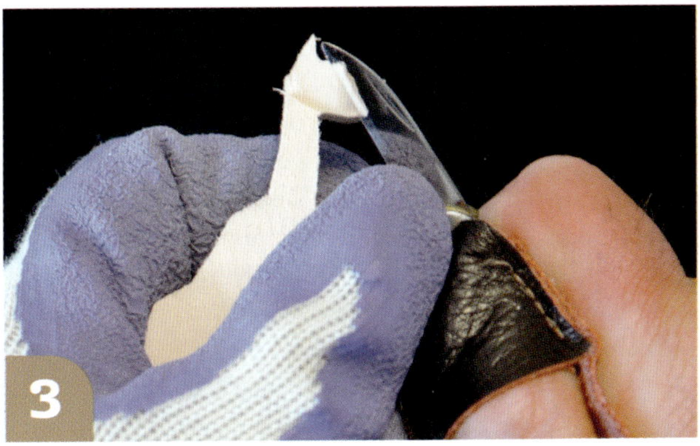

Den Kopf verschmälern. Arbeiten Sie mit Schiebe- oder Schälschnitten, um dünne Holzscheibchen von der Nase zurück zum Einschnitt zwischen Kopf und Hals zu entfernen. Verwenden Sie bei Bedarf auch hier Ihren Schnitzdaumen als Drehpunkt. Entfernen Sie immer weiter dünne Holzsplitter, bis der Kopf etwas dünner als der Körper ist und sich zur Nase hin verjüngt.

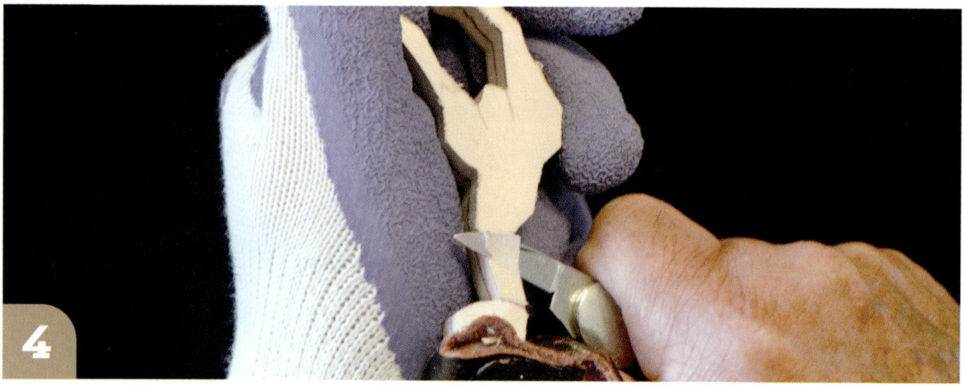

Den Hals verschmälern. Bearbeiten Sie den langen Halsbereich mit Schälschnitten oder Schiebeschnitten mit dem Daumen und entfernen Sie alle harten Linien, damit der Hals nahtlos in den Kopf übergeht. Nehmen Sie diesen Arbeitsschritt auf beiden Seiten des Rohlings vor.

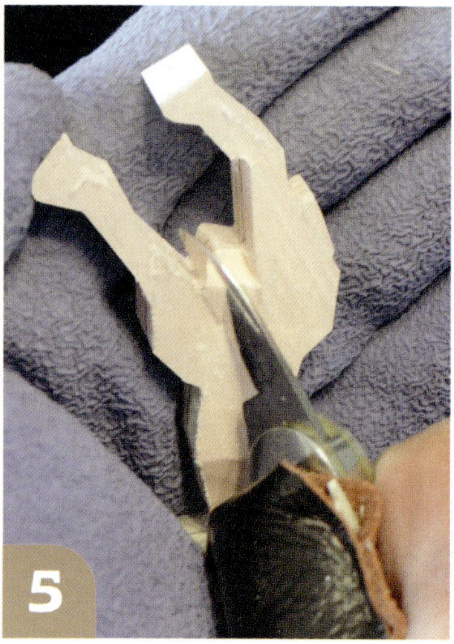

Details für die Flanken ausarbeiten. Schnitzen Sie auf beiden Seiten des Rohlings V-Schnitte an den Linien für die Details der Flanken (hinter dem Vorderbein und vor dem Hinterbein). Verwenden Sie die Mittellinie als Bezugspunkt, damit die Späne die gleiche Größe und Form bekommen.

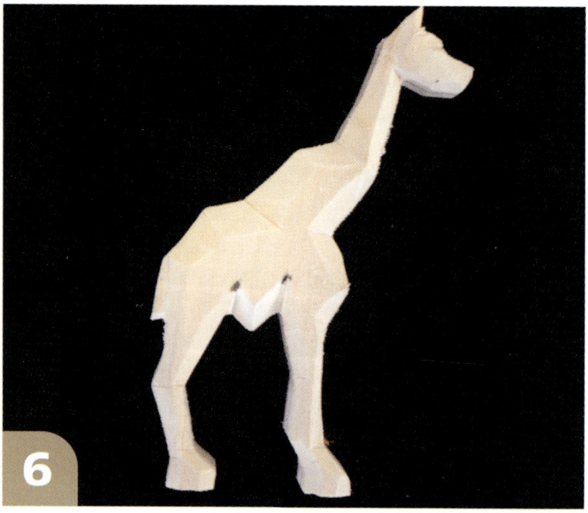

Die Details an den Flächen ausarbeiten. Markieren Sie die Punkte, an denen sich die geraden Kanten berühren (also, überall dort, wo eine gerade Linie entlang des Umrisses die Richtung ändert) mit einem Stift. Machen Sie an jeder dieser Stellen einen flachen Stoppschnitt. Dann entfernen Sie zwischen jedem Schnitt ein dünnes Scheibchen Holz. Setzen Sie diese Schnitte mit einer Kombination aus Schiebe- und Schälschnitten um den gesamten Körper fort. Die sich daraus ergebenden Flächen sollten bei gleichmäßiger Breite sauber geschnitzt sein (etwa ein Drittel der Rohling-Dicke). Wenn Sie dabei vorsichtig vorgehen, verläuft rund um die gesamte Giraffe eine durchgehende Linie. Dieser Vorgang muss auf beiden Seiten des Rohlings erfolgen.

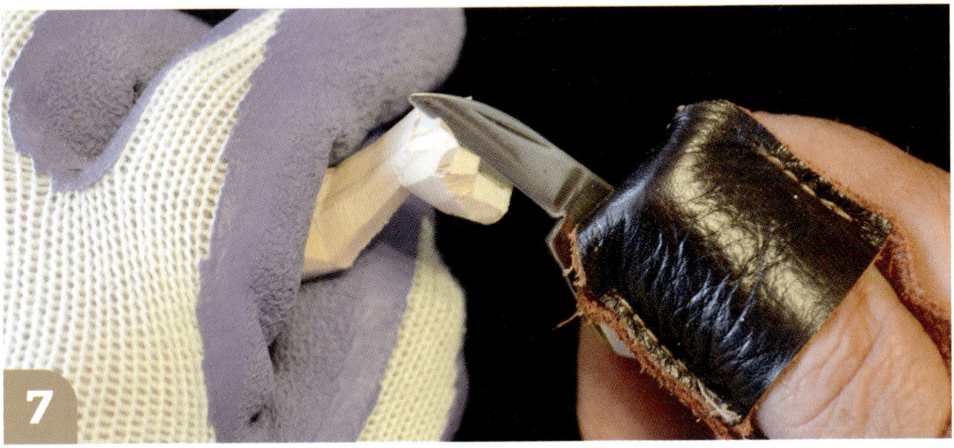

Die Ohren ausarbeiten. Schnitzen Sie zwei schräge Schnitte zwischen den Ohren und entfernen Sie den Holzspan; achten Sie dabei darauf, die Ohren nicht abzubrechen. Arbeiten Sie einen v-förmigen Schnitt, der vorne und hinten mittig zwischen den Beinen verläuft, um die vollständige Trennung der Beine anzudeuten, ohne jedoch an Stabilität zu verlieren. Arbeiten Sie die Augen mit dem Messer heraus. Überprüfen Sie dann die gesamte Schnitzarbeit und versäubern Sie die Schnitte, wo es nötig ist.

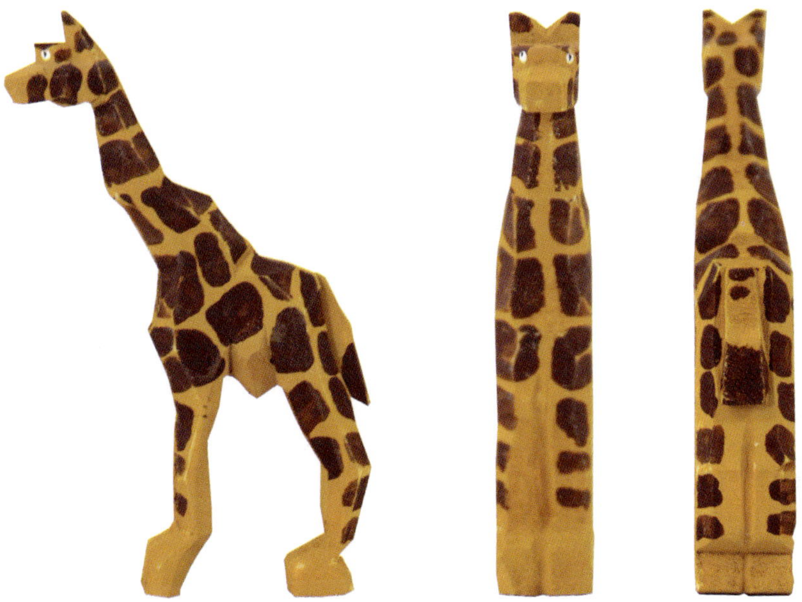

Bemalung und Fertigstellung

Sie können die Giraffe auf unterschiedliche Art und Weise fertigstellen: Lassen Sie die Messerschnitte sichtbar für den Karikaturstil und bemalen oder beizen Sie Ihre Giraffe oder Sie können sie auch glattschleifen. (Für ein einfacheres Aussehen können Sie sie auch unbearbeitet lassen.) Ich habe mich dazu entschieden, meine Version mit verdünnten Acrylfarben zu bemalen und diese nach dem Trocknen leicht anzuschleifen, um die Kanten hervorzuheben.

Nashorn

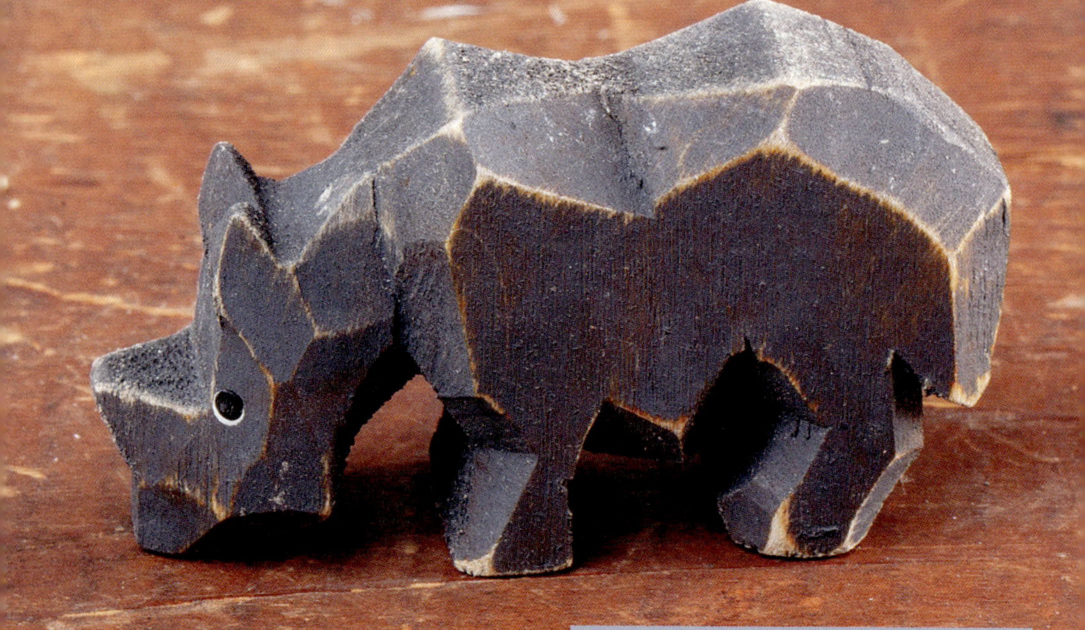

Siehe Vorlage auf Seite 92.

Stöcke und Steine können Knochen brechen, doch Worte niemals – aber so dickhäutig wir auch sein mögen, wir kommen nicht an das Nashorn heran. Tatsächlich ist Nashornhaut wie eine robuste Rüstung, die fünfmal dicker ist als die Haut des Menschen. Achten Sie beim Schnitzen besonders auf die charakteristischen Merkmale des Tiers: den Hornbereich und die breiten, kantigen Schultern. Vielleicht werden Dickhäuter sogar zu Ihrem neuen Lieblingsmotiv!

Material & Werkzeug

Material:

- Lindenholz, 1,9 cm dick: 3,2 cm x 5,7 cm
- Stift
- Sprühkleber mit vorübergehender Haftwirkung (optional)
- Schleifpapier mit verschiedenen Körnungen
- Zahnstocher
- Acrylfarben: Mittelgrau, Schwarz, Titanweiß

Werkzeug:

- Bogen-, Band- oder Dekupiersäge
- Schnitzmesser
- Verschiedene dünnere Farbpinsel

Erste Schritte

Übertragen Sie die Vorlage auf das Holz und nehmen Sie dabei einen temporären Sprühkleber zur Hilfe oder greifen Sie auf Ihre bevorzugte Methode zurück. Schneiden Sie das Werkstück dann mit einer Band-, Dekupier- oder Bogensäge entlang der Umrisse zu. Zeichnen Sie auf beiden Seiten Detaillinien für Hals, Beine und Schwanz sowie eine Mittellinie entlang der Rohlingskanten ein.

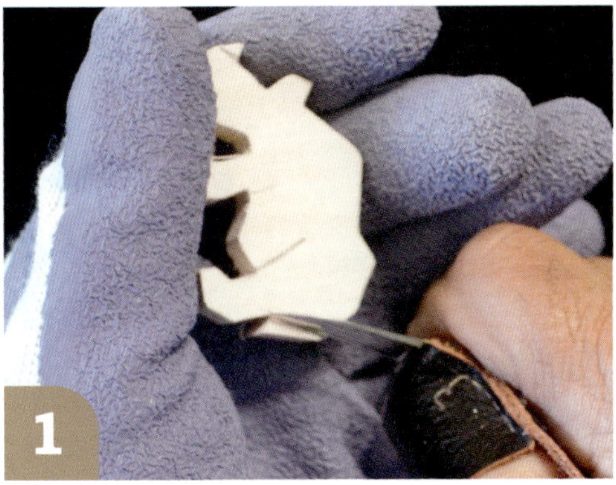

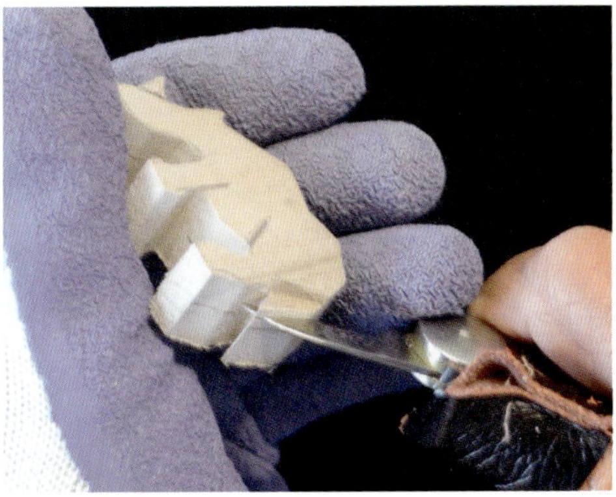

Den Schwanz schnitzen. Schneiden Sie auf beiden Seiten des Rohlings Stoppschnitte zwischen Rumpf und Schwanz des Nashorns. Dafür legen Sie zunächst die Klinge auf die Kante des Rohlings und wiegen sie dann über die Bleistiftlinie nach oben und unten. Beginnen Sie nun, den Schwanz zu formen. Machen Sie eine Reihe flacher, aber entschiedener Schnitte vom Ende des Schwanzes bis zu dem Einschnitt, den Sie gerade angefertigt haben. Verwenden Sie Ihren Daumen als Drehpunkt, um die Kontrolle zu behalten. Schnitzen Sie den Schwanz so lange dünner, bis Sie auf beiden Seiten etwa ein Drittel der Breite entfernt haben.

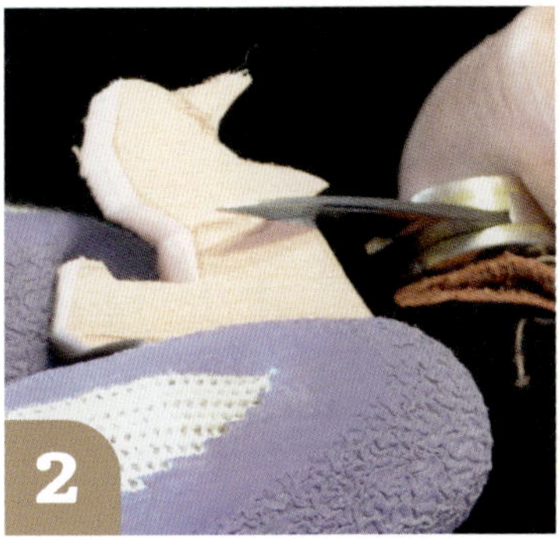

Den Kopf schnitzen. Machen Sie auf beiden Seiten des Rohlings Stoppschnitte zwischen Kopf und Hals des Nashorns. Machen Sie auch hier die Wiegebewegung aus Schritt 1.

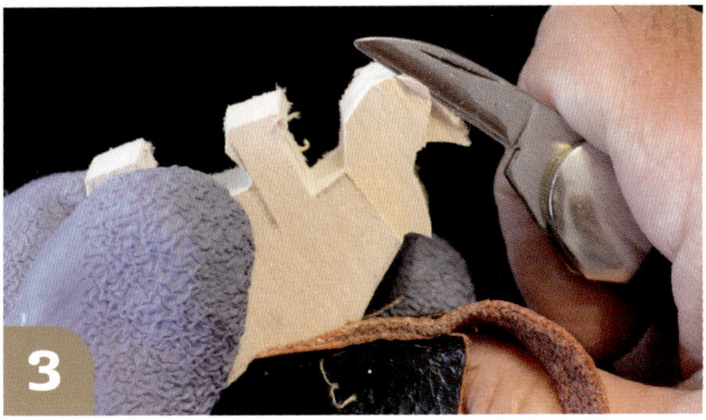

Den Kopfbereich verschmälern. Schnitzen Sie einen Einschnitt zwischen dem Horn und dem Gesicht. Entfernen Sie mit Schiebe- oder Schälschnitten auf beiden Seiten dünne Späne von der Hornspitze zurück bis zum Einschnitt am Hals. Schnitzen Sie auf diese Weise entlang des Gesichts bis zum Stoppschnitt am Hals (mit dem Daumen als Drehpunkt). Entfernen Sie weiterhin dünne Holzspäne, bis der Kopf ein wenig dünner als der Körper ist und sich zum Horn hin verjüngt.

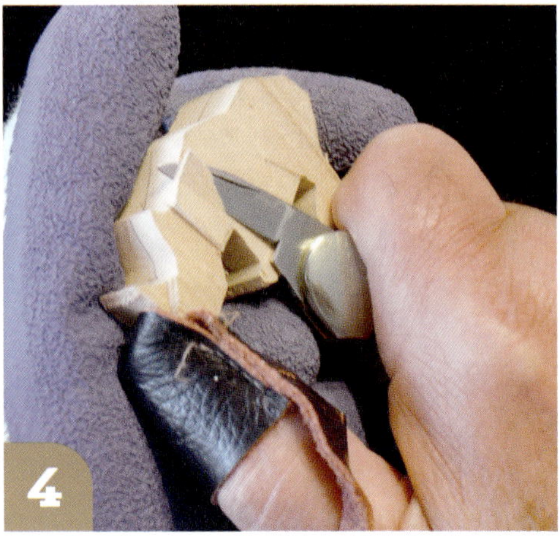

Den Hals verschmälern. Schnitzen Sie mit Schäl- oder Schiebeschnitten ein v-förmiges Tal, das seinen tiefsten Punkt am Einschnitt zwischen Hals und Kopf hat. Diesen Arbeitsschritt auf beiden Seiten des Rohlings vornehmen.

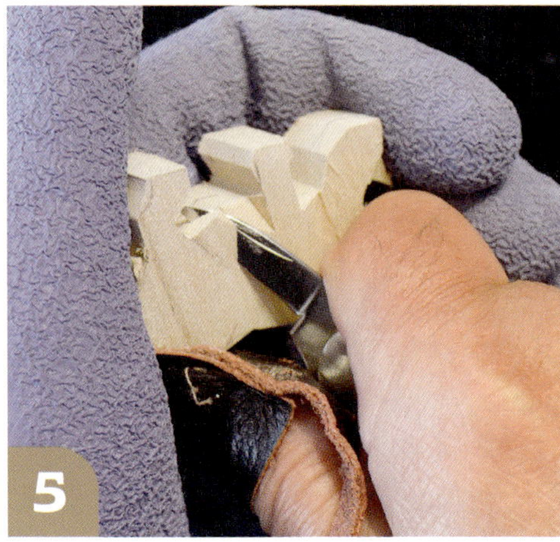

Details für die Flanken ausarbeiten. Schnitzen Sie auf beiden Seiten des Rohlings V-Schnitte an den Linien für die Details der Flanken (hinter dem Vorderbein und vor dem Hinterbein). Verwenden Sie die Mittellinie als Bezugspunkt, damit die Späne die gleiche Größe und Form bekommen.

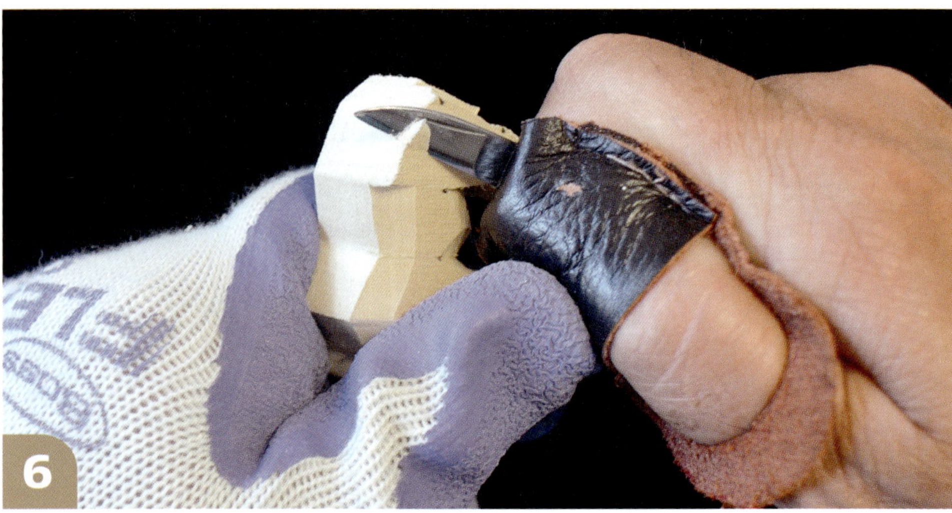

Die Details an den Flächen ausarbeiten. Markieren Sie die Punkte, an denen sich die geraden Kanten berühren (also, überall dort, wo eine gerade Linie entlang des Umrisses die Richtung ändert) mit einem Stift. Machen Sie an jeder dieser Stellen einen flachen Stoppschnitt. Dann entfernen Sie zwischen jedem Schnitt ein dünnes Scheibchen Holz. Setzen Sie diese Schnitte mit einer Kombination aus Schiebe- und Schälschnitten um den gesamten Körper fort. Die sich daraus ergebenden Flächen sollten bei gleichmäßiger Breite sauber geschnitzt sein (etwa ein Drittel der Rohling-Stärke). Wenn Sie dabei vorsichtig vorgehen, verläuft rund um das gesamte Nashorn eine durchgehende Linie. Diesen Arbeitsschritt auf beiden Seiten des Rohlings vornehmen.

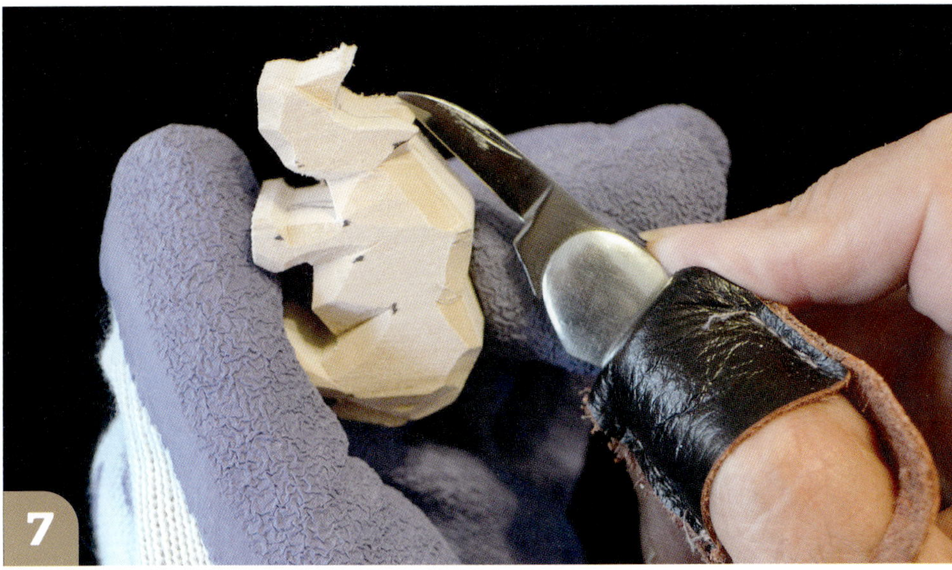

Die Ohren voneinander trennen. Schnitzen Sie zwei schräge Schnitte zwischen den Ohren und entfernen Sie den Holzspan; achten Sie dabei darauf, die Ohren nicht abzubrechen. Entscheiden Sie, wo Sie die Augen platzieren möchten, und arbeiten Sie sie mit dem Messer aus. Überprüfen Sie dann die gesamte Schnitzarbeit und versäubern Sie die Schnitte, wo es nötig ist.

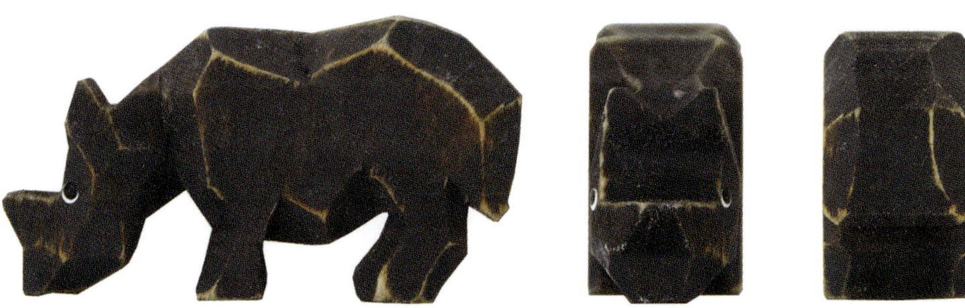

Bemalung und Fertigstellung

Sie können Ihr Nashorn auf unterschiedliche Art und Weise fertigstellen: Die Schnitte sichtbar lassen (Karikaturstil) und zum Fertigstellen anmalen oder beizen oder es glattschleifen (für ein einfacheres Aussehen können Sie das Werkstück auch unbearbeitet lassen). Ich habe mich dazu entschieden, meine Version mit verdünnten Acrylfarben zu bemalen und diese nach dem Trocknen leicht anzuschleifen, um die Kanten hervorzuheben.

Löwe

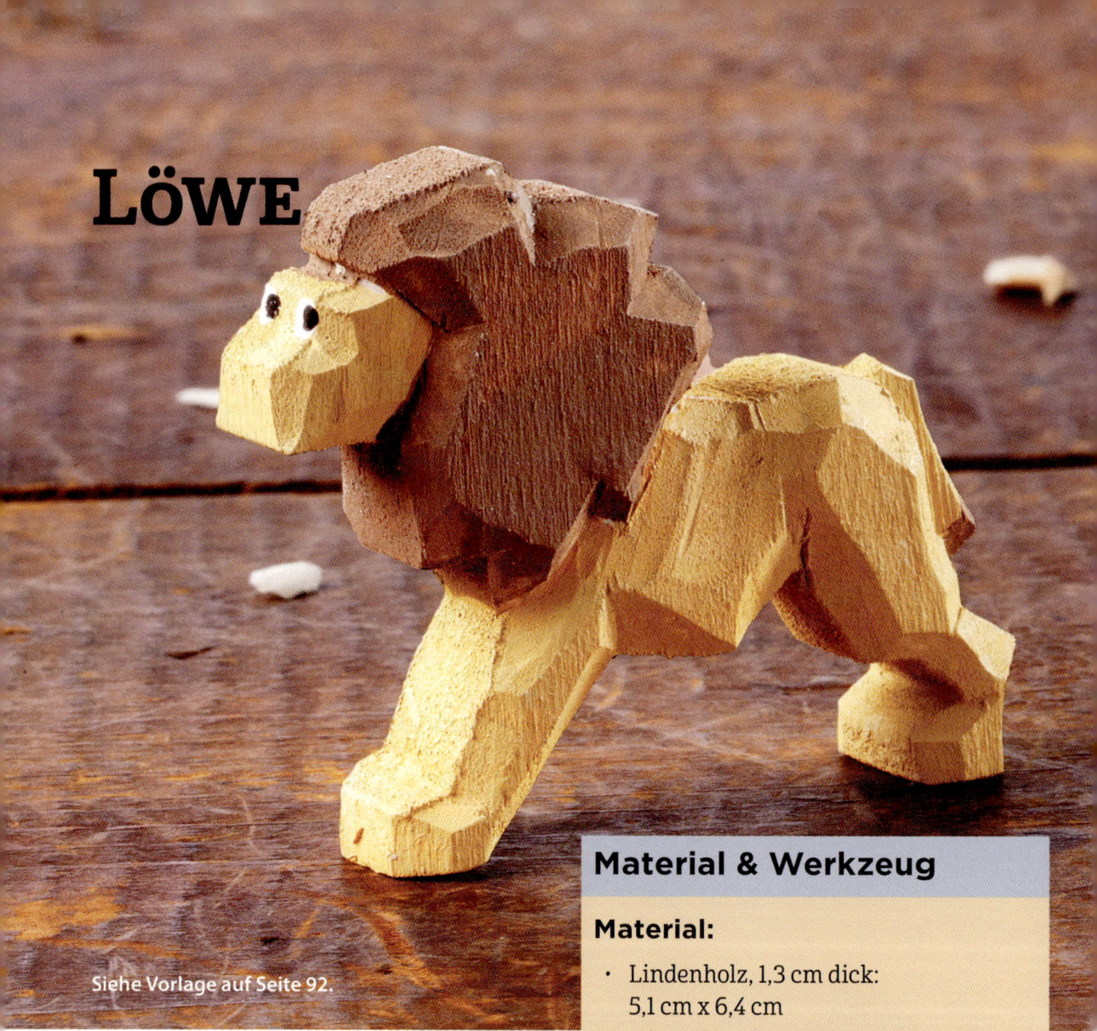

Siehe Vorlage auf Seite 92.

Der König der Tiere braucht keine Fanfare – Löwen sind kraftvoll genug, um für sich selbst zu sprechen. Ich habe dieses Projekt einem erwachsenen Löwenmännchen nachempfunden – leicht zu erkennen an seinem lohfarbenen Fell und seiner vollen Mähne. Er ist ein Volltreffer bei allen Katzenliebhabern und den Fans eines bestimmten Hit-Musicals. Wenn Sie den Dreh raushaben, können Sie die Vorlage auch abändern, um ein ganzes Löwenrudel zu schnitzen – bestimmt fühlen Sie sich auch bald wie ein König!

Material & Werkzeug

Material:

- Lindenholz, 1,3 cm dick: 5,1 cm x 6,4 cm
- Stift
- Sprühkleber mit vorübergehender Haftwirkung (optional)
- Schleifpapier mit verschiedenen Körnungen
- Zahnstocher
- Acrylfarben: Schokoladenbraun, Schwarz, Titanweiß, Ockergelb

Werkzeug:

- Bogen-, Band- oder Dekupiersäge
- Schnitzmesser
- Verschiedene dünnere Farbpinsel

Name

Straße

PLZ Ort

Telefon

E-Mail

☐ (Pflichtfeld) Ich bestätige, dass ich das 16. Lebensjahr vollendet habe und erteile meine ausdrückliche Zustimmung, dass die von mir oben angegeben Daten durch die Leopold Stocker Verlag GmbH zum Zweck der Vertragserfüllung und Leistungserbringung verarbeitet und an Auftragsverarbeiter weitergegeben werden, UND dass

☐ die angegeben Daten durch die Leopold Stocker Verlag GmbH zum Zweck des Newsletterversands verarbeitet, an Auftragsverarbeiter weitergegeben werden und ich werbliche Informationen und Angebote via Post, E-Mail, Telefon erhalte.

Ich kann meine Zustimmung jederzeit widerrufen. Dafür wende ich mich an die Leopold Stocker Verlag GmbH (Hofgasse 5, A-8010 Graz; Tel: 0043316/821636; E-Mail: datenschutz@stocker-verlag.com). Alle Infos: www.stocker-verlag.com/datenschutz.

Datum____________Unterschrift ____________________________

Stocker Verlag GmbH, Hofgasse 5, 8010 Graz, Österreich
Tel.: +43/316/82 16 36, Fax: +43/316/83 56 12
E-Mail: stocker-verlag@stocker-verlag.com, www.stocker-verlag.com

Bitte frankieren!

ANTWORTSENDUNG

Leopold Stocker Verlag

Postfach 438
Hofgasse 5
8011 Graz

Erste Schritte

Übertragen Sie die Vorlage auf das Holz und nehmen Sie dabei einen temporären Sprühkleber zu Hilfe oder greifen Sie auf Ihre bevorzugte Methode zurück. Schneiden Sie das Werkstück dann mit einer Band-, Dekupier- oder Bogensäge entlang der Umrisse zu. Zeichnen Sie auf beiden Seiten Detaillinien für Mähne, Beine und Schwanz sowie eine Mittellinie entlang der Rohlingskanten ein.

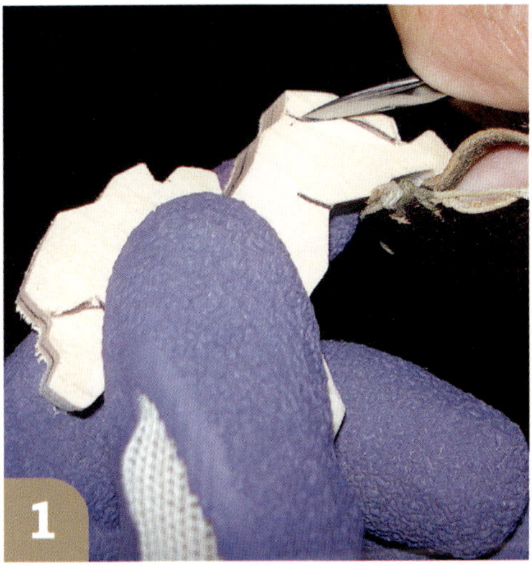

Den Schwanz schnitzen. Schnitzen Sie Stoppschnitte auf beiden Seiten des Rohlings zwischen dem Rumpf und dem Schwanz des Löwen. Dafür legen Sie zunächst die Klinge auf die Kante des Rohlings und wiegen sie dann über die Bleistiftlinie nach oben und unten. Machen Sie eine Reihe flacher, aber entschiedener Schnitte vom Ende des Schwanzes bis zu dem Einschnitt, den Sie gerade angefertigt haben. Verwenden Sie Ihren Daumen als Drehpunkt, um die Kontrolle zu behalten. Wiederholen Sie diesen Vorgang, vertiefen Sie diese Einschnitte dabei behutsam und schnitzen Sie den Schwanz so lange dünner, bis Sie auf beiden Seiten etwa ein Drittel der Breite entfernt haben. Nehmen Sie die Mittellinie als Bezugspunkt zu Hilfe.

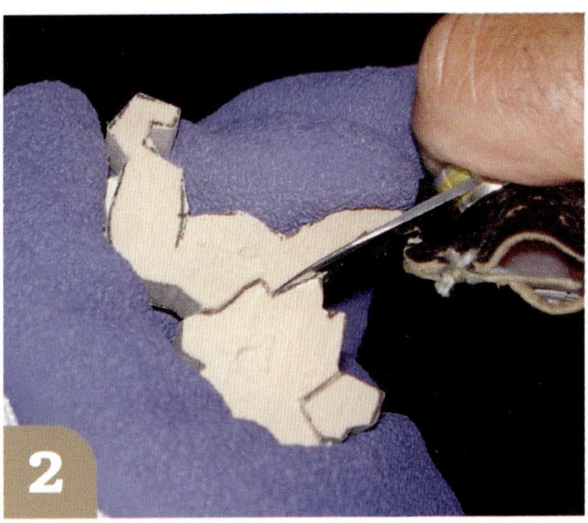

Die Mähne aus Kopf und Körper schnitzen. Schnitzen Sie auf beiden Seiten des Rohlings Stoppschnitte zwischen Kopf und Mähne des Löwen, dann zwischen Mähne und Körper. Machen Sie auch hier die Wiegebewegung aus Schritt 1.

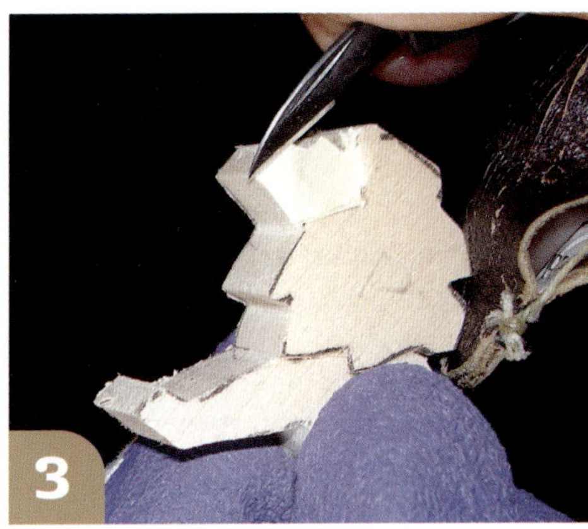

Den Kopf verschmälern. Verwenden Sie Schiebe- oder Schälschnitte, um von der Schnauze bis nach hinten zu dem Einschnitt zwischen Gesicht und Mähne dünne Holzscheibchen zu entfernen. Wenn Sie möchten, können Sie Ihren Daumen wieder als Drehpunkt verwenden. Entfernen Sie weiter dünne Holzspäne, bis der Kopf ein wenig dünner ist als die Mähne und sich zum Maul hin verjüngt.

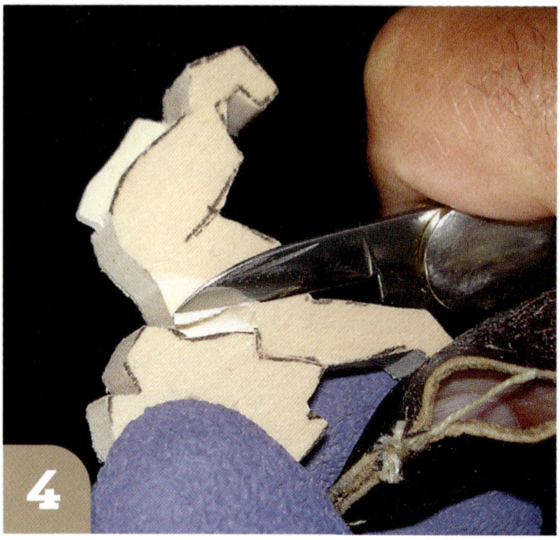

4

Die Schulterpartie verschmälern. Schrägen Sie die Schulterpartie hinauf bis zu den Einschnitten ab, die Sie zuvor entlang des Mähnenrandes geschnitzt haben. Dies sorgt dafür, dass die Mähne vom Körper absteht.

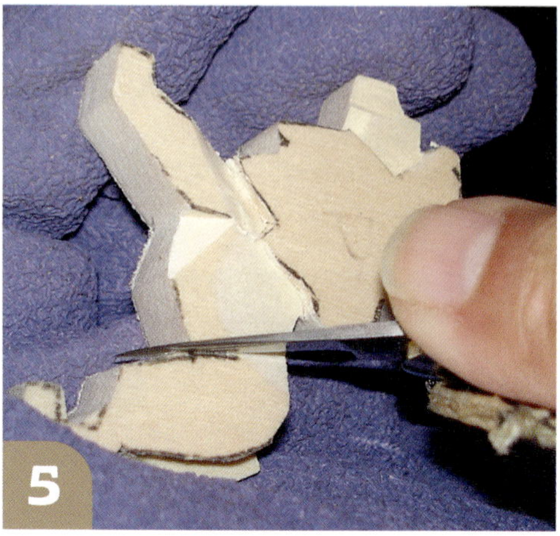

5

Details für die Flanken ausarbeiten. Schnitzen Sie auf beiden Seiten des Rohlings V-Schnitte an den Linien für die Details der Flanken (hinter dem Vorderbein und vor dem Hinterbein). Verwenden Sie die Mittellinie als Bezugspunkt, damit die Späne die gleiche Größe und Form bekommen.

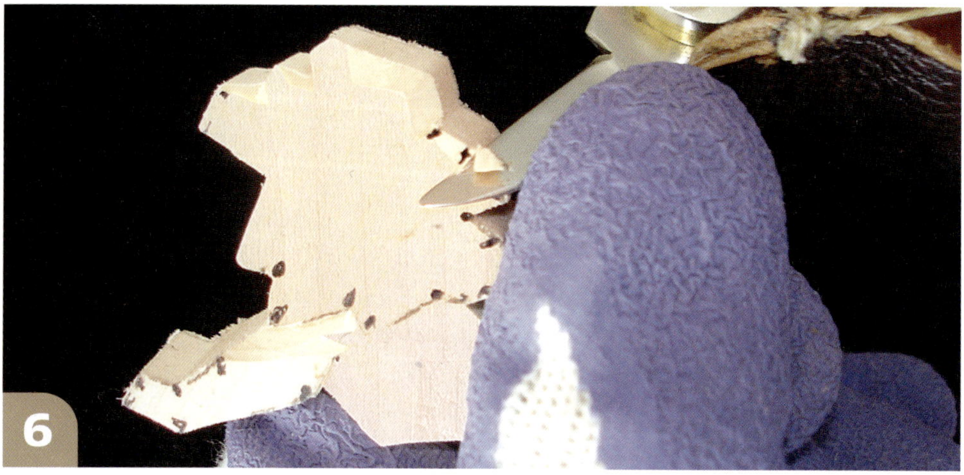

6

Die Details an den Flächen ausarbeiten. Markieren Sie die Punkte, an denen sich die geraden Kanten berühren (also überall dort, wo eine gerade Linie entlang des Umrisses die Richtung ändert) mit einem Stift. Machen Sie an jeder dieser Stellen einen flachen Stoppschnitt. Dann entfernen Sie zwischen jedem Schnitt ein dünnes Scheibchen Holz. Schnitzen Sie entlang dieser Einschnitte rund um den ganzen Körper und die gesamte Mähne und arbeiten Sie mit durch den Daumen verstärkten Schiebe- und Schälschnitten. Die sich daraus ergebenden Flächen sollten bei gleichmäßiger Breite sauber geschnitzt sein (etwa ein Drittel der Rohling-Dicke). Wenn Sie dabei sorgsam vorgehen, verläuft rund um den gesamten Löwen eine durchgehende Linie und eine zweite verläuft rund um die Mähne. Diesen Arbeitsschritt auf beiden Seiten des Rohlings vornehmen.

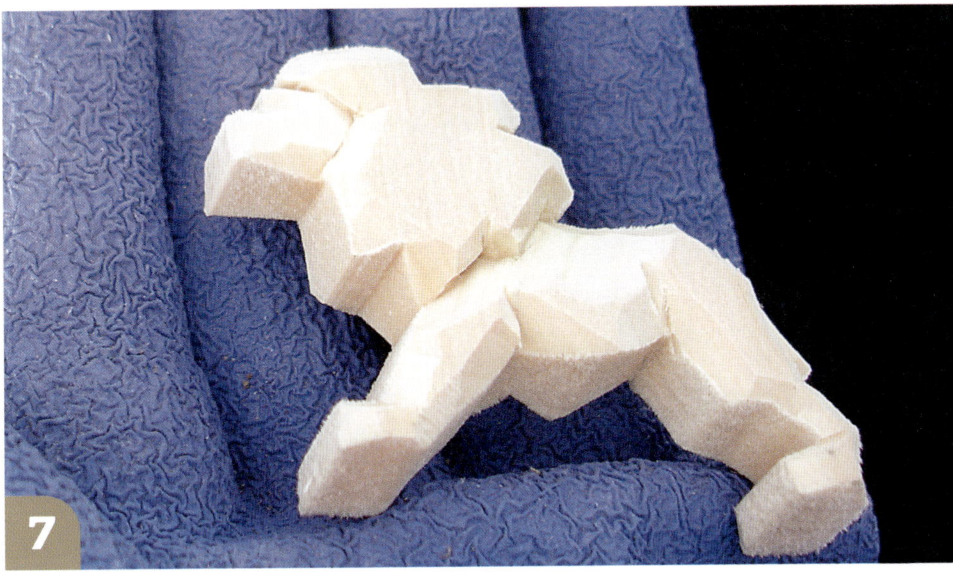

7

Die Schnitte versäubern. Entscheiden Sie, wo die Augen sein sollen, und arbeiten Sie sie mit dem Messer aus. Überprüfen Sie dann die gesamte Schnitzarbeit und versäubern Sie die Schnitte, wo es nötig ist. Wenn zwei aufeinandertreffende Flächen eine Spitze bilden, können Sie diese entfernen, um ein abgerundeteres Bild zu erhalten.

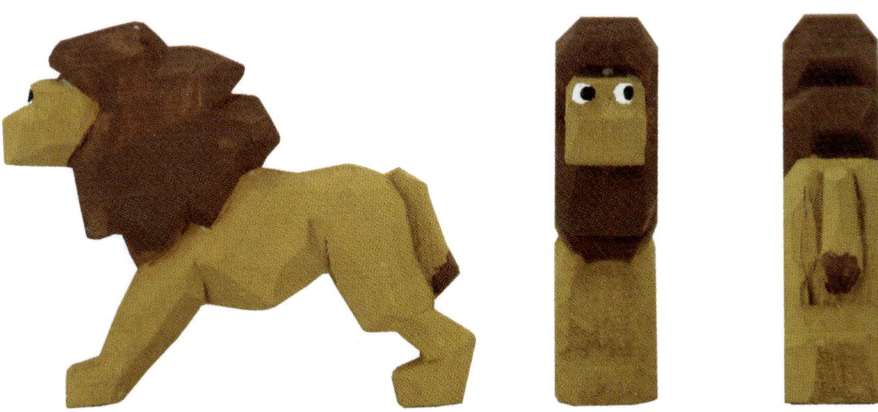

Bemalung und Fertigstellung

Sie können Ihren Löwen auf unterschiedliche Art und Weise fertigstellen: Die Schnitte sichtbar lassen (Karikaturstil) und zum Fertigstellen anmalen oder beizen oder ihn glattschleifen (für ein einfacheres Aussehen können Sie das Werkstück auch unbearbeitet lassen). Ich habe mich dazu entschieden, meine Version mit verdünnten Acrylfarben zu bemalen und diese nach dem Trocknen leicht anzuschleifen, um die Kanten hervorzuheben.

NILPFERD

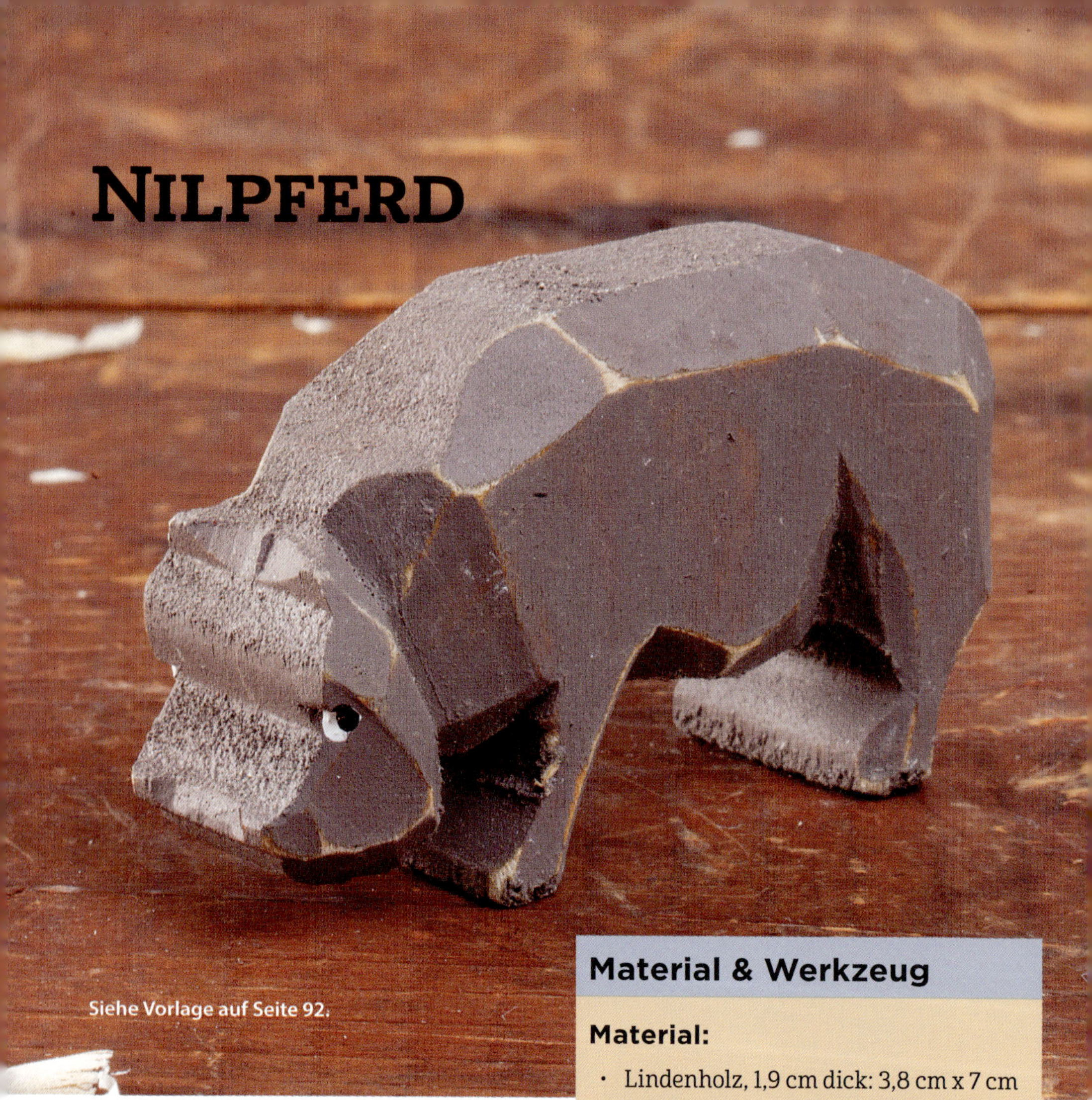

Siehe Vorlage auf Seite 92.

Wenn Sie sich ein Nilpferd zu Weihnachten wünschen, dann habe ich hier genau das richtige Projekt für Sie! Abgeleitet von dem altgriechischen Wort *hippopotamus*, was so viel wie „Flusspferd" bedeutet, leben die Hippos genau so, wie es ihrem Namen entspricht. Die halb im Wasser lebenden Säugetiere bewohnen Seen, Flüsse und Sümpfe südlich der Sahara, doch meine Version fühlt sich in jedem Regal, auf jedem Fenstersims und auf jedem Nachtkästchen dieser Welt zu Hause.

Material & Werkzeug

Material:

- Lindenholz, 1,9 cm dick: 3,8 cm x 7 cm
- Schleifpapier mit verschiedenen Körnungen
- Acrylfarben: Schwarz, Titanweiß, Van-Dyck-Braun (Dunkelbraun)

Werkzeug:

- Bogen-, Band- oder Dekupiersäge
- Kleines Schnitzmesser
- Verschiedene dünnere Farbpinsel

Erste Schritte

Übertragen Sie die Vorlage auf das Holz und schneiden Sie es dann mit einer Band-, Dekupier- oder Bogensäge entlang der Umrisse zu. Zeichnen Sie auf beiden Seiten die Detaillinien und die Mittellinie entlang der Rohlingskanten ein.

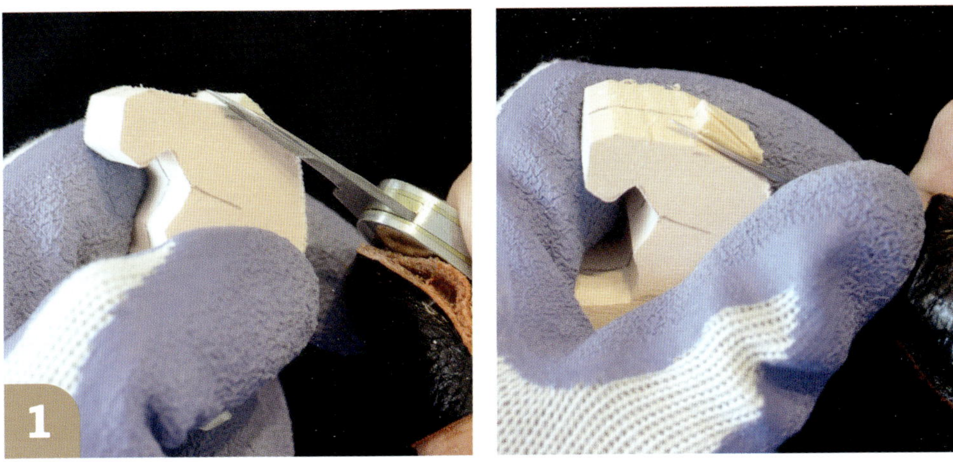

Den Schwanz schnitzen. Machen Sie Stoppschnitte zwischen dem Nilpferdschwanz und dem Rumpf auf beiden Seiten des Rohlings. Entfernen Sie dünne Holzscheibchen von der Außenkante des Schwanzes hin zu den Einschnitten. Verwenden Sie den Daumen als Drehpunkt. Wiederholen Sie diesen Vorgang und lassen Sie die Einschnitte ein wenig tiefer werden, indem Sie dünne Holzscheibchen vom Schwanz entfernen, bis Sie auf jeder Seite des Rohlings etwa ein Drittel der Stärke des Schwanzes entfernt haben. Orientieren Sie sich an der Mittellinie, damit beide Seiten gleich werden.

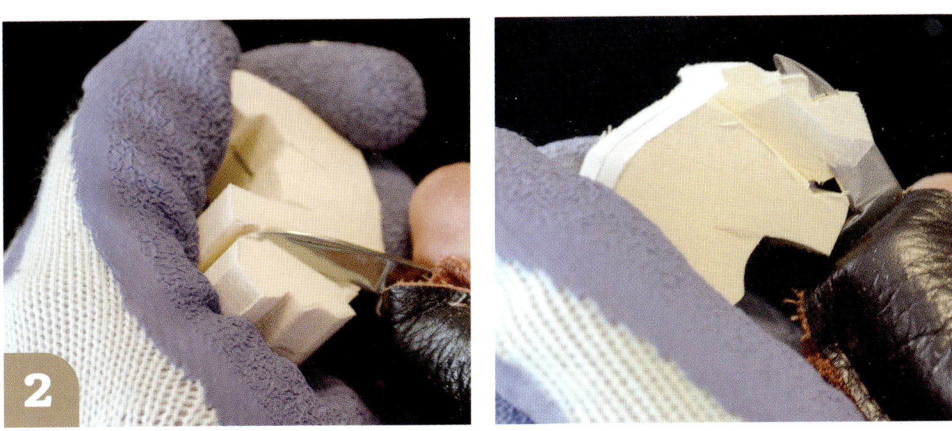

Den Kopf verschmälern. Machen Sie auf beiden Seiten des Rohlings Stoppschnitte zwischen Kopf und Hals. Der Kopf sollte ein wenig schmäler als der Körper sein (jedoch nicht viel, da Nilpferde rundlich sind und riesige Köpfe haben). Arbeiten Sie mit Schiebe- oder Schälschnitten (je nachdem, was Ihnen angenehmer ist), um dünne Späne von der Nase aus bis zum Einschnitt zwischen Kopf und Hals zu entfernen.

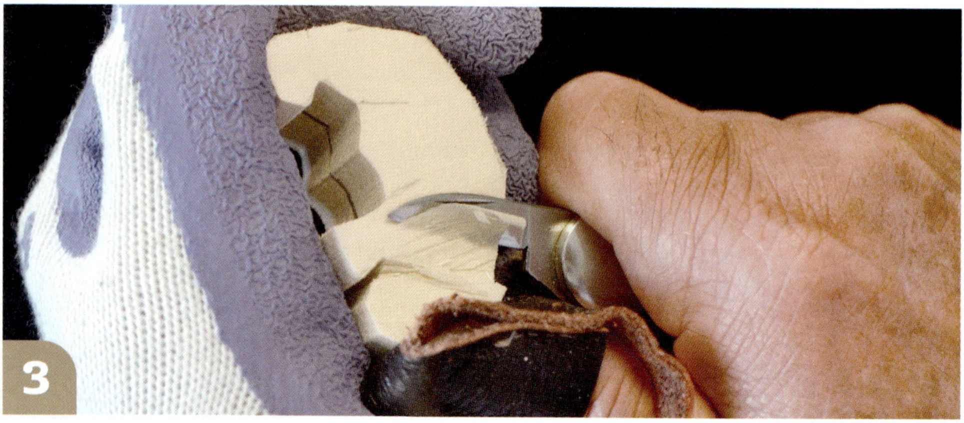

3

Den Hals verschmälern. Schnitzen Sie entweder mit Schälschnitten oder Schiebeschnitten, bei denen Sie den Daumen zu Hilfe nehmen, um die Halspartie zwischen den Einschnitten an Kopf und Hals zu verschmälern. Der Daumen als Drehpunkt kann eine Hilfe sein. Diesen Arbeitsschritt auf beiden Seiten des Rohlings vornehmen.

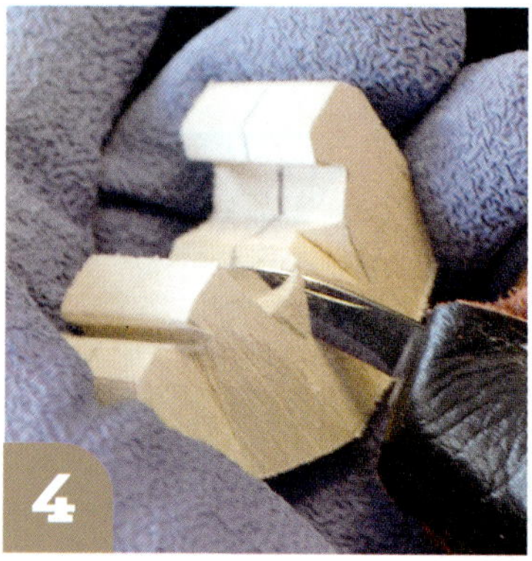

4

Details für die Flanken ausarbeiten. Schnitzen Sie auf beiden Seiten des Rohlings V-Schnitte an den Linien für die Details der Flanken (hinter dem Vorderbein und vor dem Hinterbein). Nehmen Sie die Mittellinie als Bezugspunkt zu Hilfe, damit die Schnitte dieselbe Form und Größe annehmen.

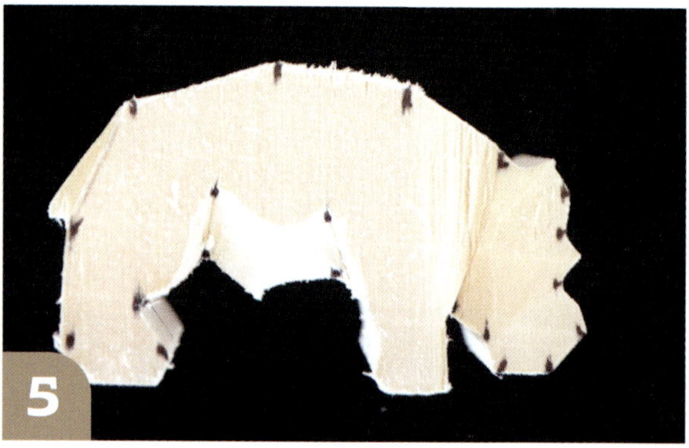

5

Die Details an den Flächen ausarbeiten. Markieren Sie mit einem Bleistift, wo die geraden Kanten des Rohlings aneinanderstoßen und schnitzen Sie dann flache Einschnitte an jedem Punkt. Zwischen jedem dieser flachen Stoppschnitte an den Kanten entfernen Sie einen dünnen Holzspan von der Kante des Rohlings. Nutzen Sie eine Kombination aus Schiebeschnitten, bei denen Sie den Daumen zu Hilfe nehmen, und Schälschnitten. Ihren Daumen als Drehpunkt zu nützen, hilft dabei, gleichförmige Scheiben zu schnitzen. Gestalten Sie glatte Flächen auf beiden Seiten des Rohlings. Versuchen Sie, die Schnitte glatt und einheitlich in der Breite zu halten (etwa ein Drittel der Rohlingsstärke). Wenn Sie dabei vorsichtig vorgehen, verläuft rund um das gesamte Tier eine durchgehende Linie. Versäubern Sie nun Ihre Schnitte.

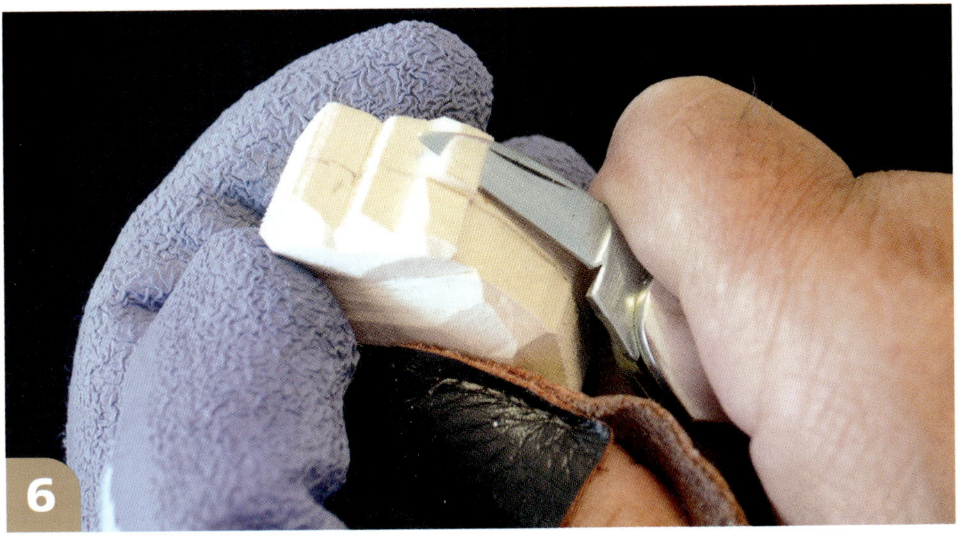

Die Ohren und Nüstern schnitzen. Schnitzen Sie zwei schräge Schnitte zwischen den Ohren und entfernen Sie dann den entstandenen Holzspan.

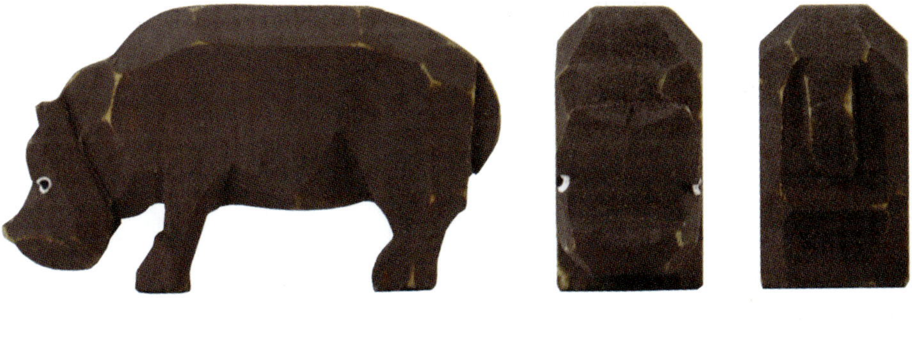

Bemalung und Fertigstellung

Sie können das Nilpferd auf unterschiedliche Art und Weise fertigstellen: Lassen Sie die Messerschnitte sichtbar für einen Karikaturschnitzstil, beizen oder bemalen Sie es oder schleifen Sie es glatt. Sie können diese Techniken frei miteinander kombinieren oder das Nilpferd gänzlich unbearbeitet lassen. Schlagen Sie im Anhang im Abschnitt „Fertigstellung“ für weitere Informationen nach. Ich habe mich dazu entschieden, das Nilpferd dunkelgrau anzumalen und es leicht anzuschleifen, nachdem die Farbe getrocknet ist, um die Kanten hervorzuheben.

Tiere im und am Wasser

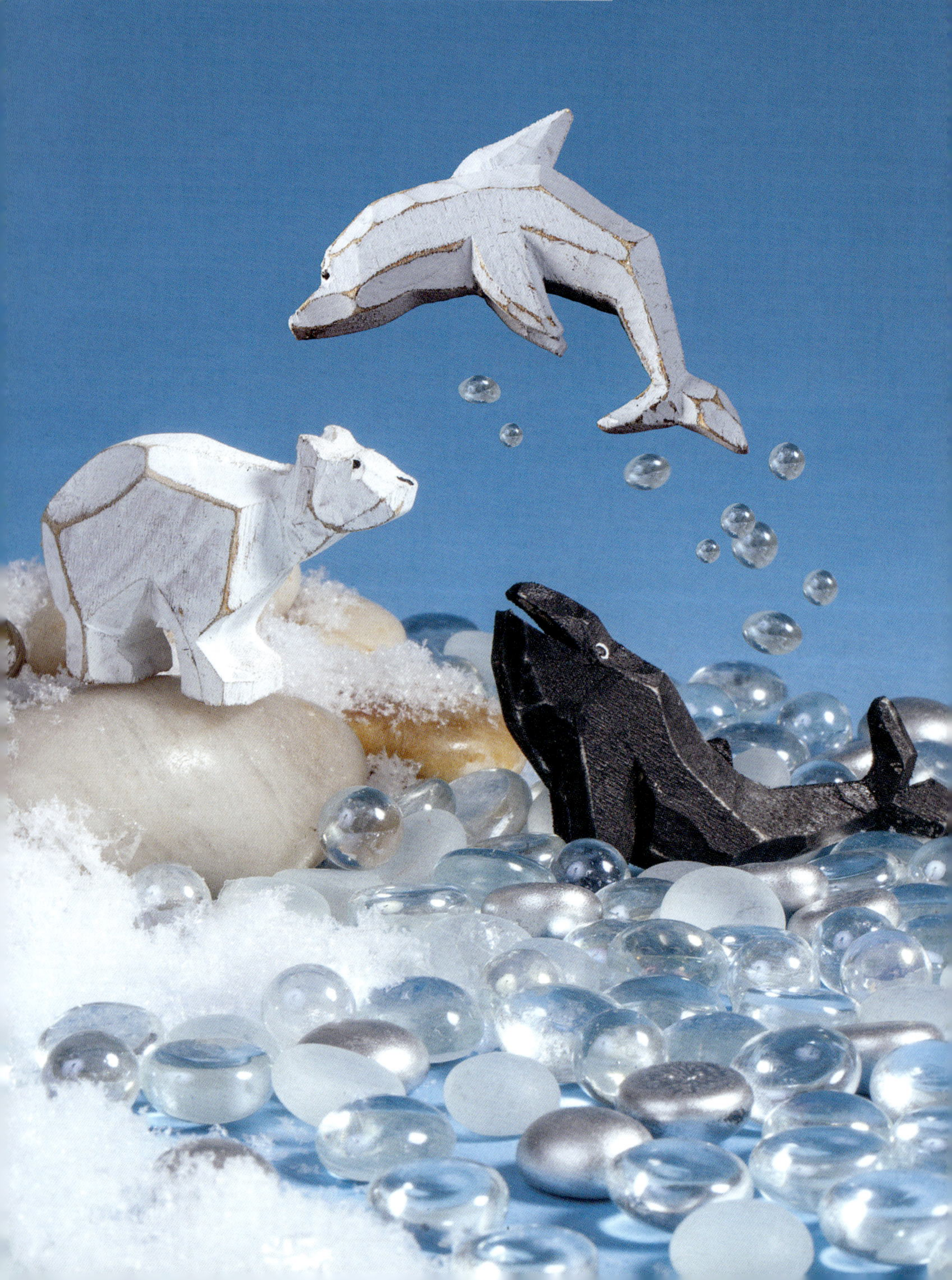

Delphin

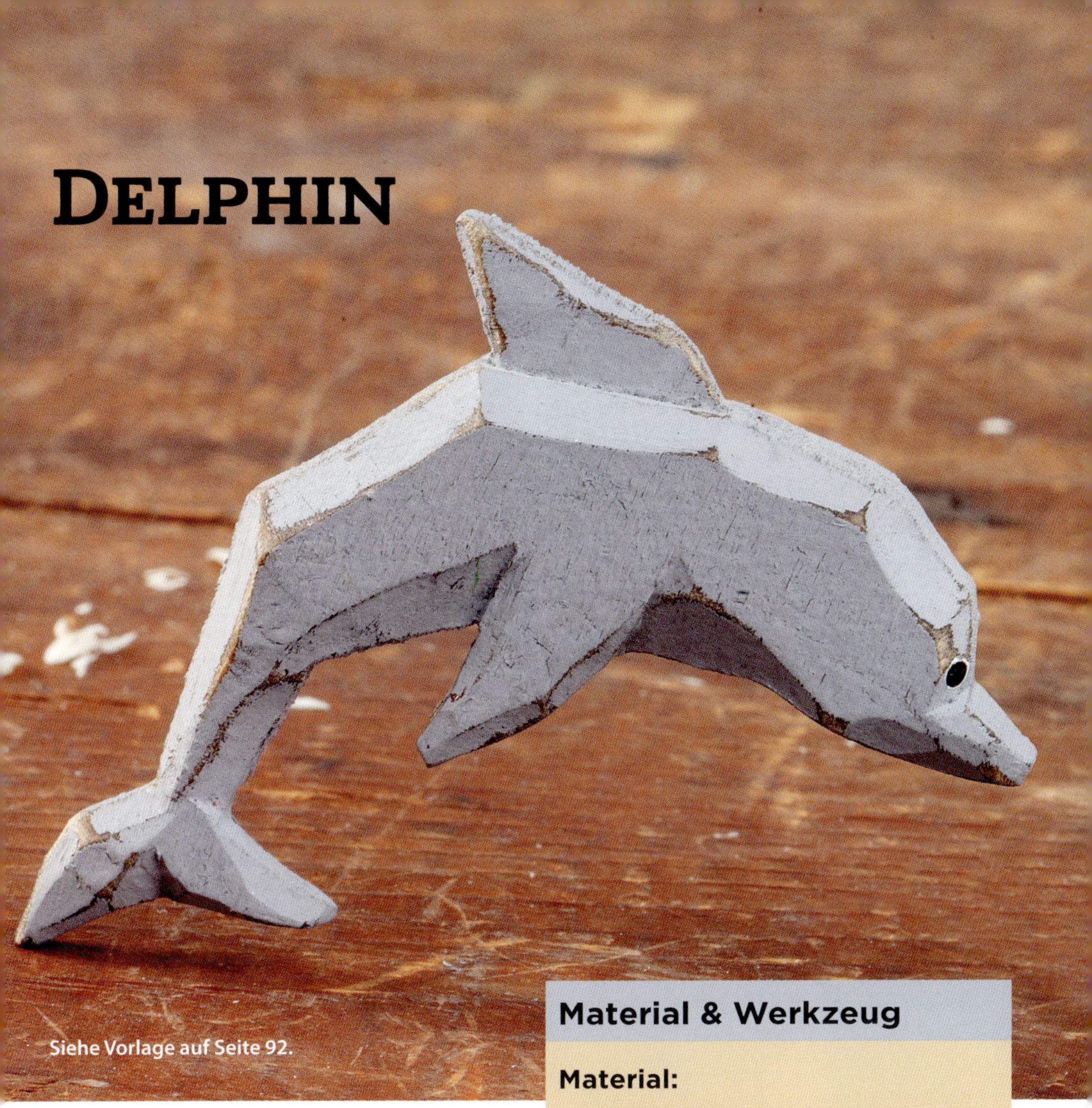

Siehe Vorlage auf Seite 92.

Ihre Freunde werden bei diesem entzückenden Delphin ausflippen! Bekannt für ihre Intelligenz und Beweglichkeit, zeigen Delphine auch spielerisches Verhalten in freier Wildbahn. Betonen Sie den schlanken, athletischen Körper mit glatten, sauberen Schnitten. Stellen Sie sicher, dass Ihr Messer scharf ist. Sobald Sie die Form gefunden haben, können Sie eine ganze Schule dieser beliebten Meeressäuger schnitzen!

Material & Werkzeug

Material:

- Lindenholz, 1,3 cm dick: 5,1 cm x 7,3 cm
- Schleifpapier mit verschiedenen Körnungen
- Acrylfarben: Dunkelgrau, Schwarz, Titanweiß

Werkzeug:

- Bogen-, Band- oder Dekupiersäge
- Kleines Schnitzmesser
- Verschiedene dünnere Farbpinsel

Erste Schritte

Übertragen Sie die Vorlage auf das Holz und schneiden Sie es dann mit einer Band-, Dekupier- oder Bogensäge entlang der Umrisse zu. Zeichnen Sie auf beiden Seiten die Detaillinien und die Mittellinie entlang der Rohlingskanten ein.

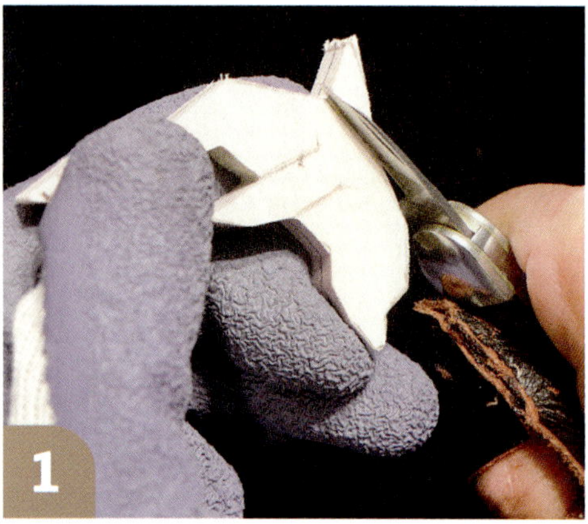

Die Rückenfinne aus dem Körper herausschnitzen. Machen Sie auf beiden Seiten des Rohlings Stoppschnitte zwischen der Rückenfinne des Delphins und seinem Körper. Wiegen Sie die Klinge auf und nieder, um den Schnitt durchzuführen.

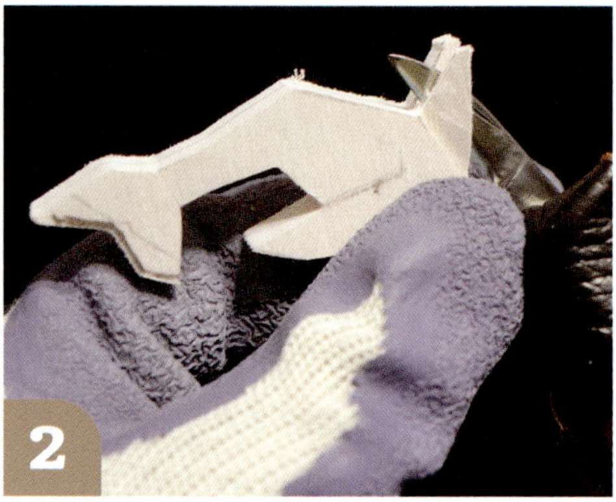

Die Rückenfinne verschmälern. Entfernen Sie dünne Holzscheibchen von der Außenkante der Rückenfinne nach unten hin zu den Einschnitten. Verwenden Sie den Daumen als Drehpunkt, um die Kontrolle über diese Schnitte zu behalten. Verschmälern Sie beide Seiten des Rohlings gleichmäßig und orientieren Sie sich dabei an der Mittellinie.

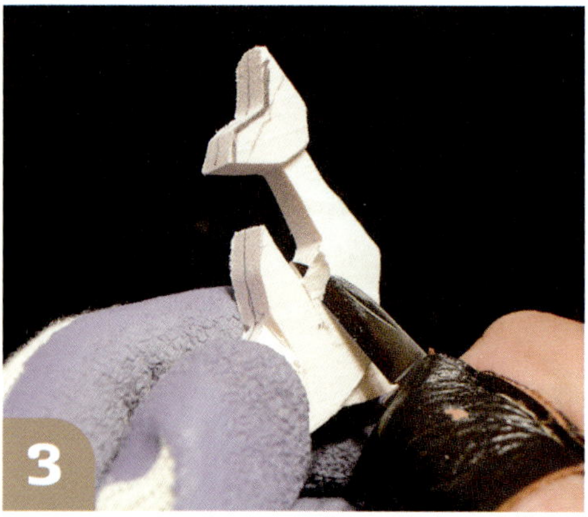

Die Seitenflossen vom Körper lösen. Schnitzen Sie vorne und hinten Stoppschnitte in die Seitenflossen. Entfernen Sie Holzspäne vom Bauch des Delphins hin zu den Einschnitten. Nehmen Sie diesen Arbeitsschritt auf beiden Seiten des Delphins vor. Nutzen Sie die Mittellinie zu Ihrer Orientierung.

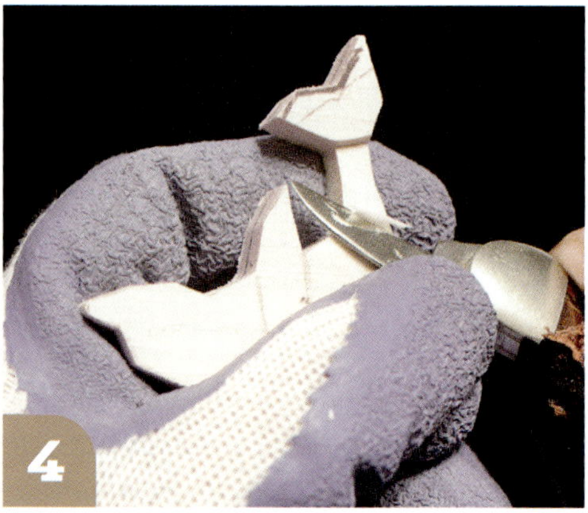

Die Fluke (Schwanzflosse) aus dem Körper herausarbeiten. Schnitzen Sie einen Einschnitt unten an der Basis der Fluke. Mit dem Daumen als Drehpunkt verjüngen Sie den Delphinkörper von den Seitenflossen nach hinten bis zu dem Einschnitt am Anfang der Schwanzflosse.

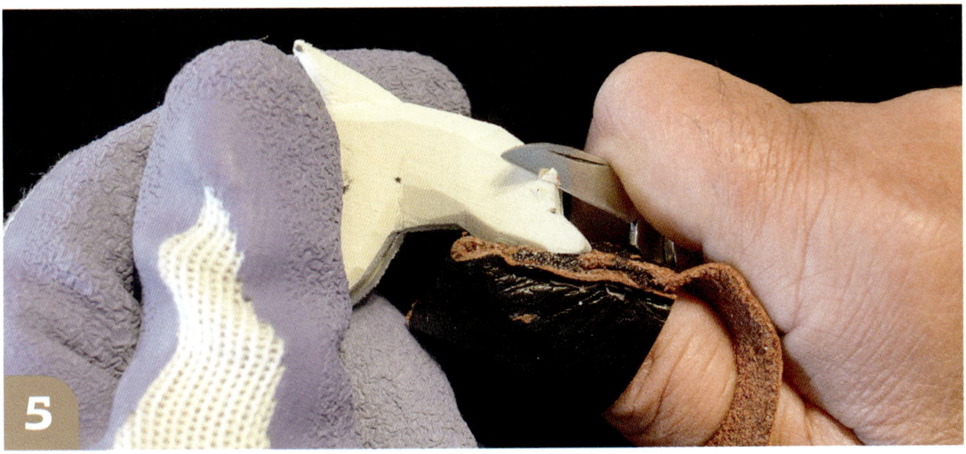

Die Details an den Flächen ausarbeiten. Markieren Sie mit einem Bleistift, wo die geraden Kanten des Rohlings einander schneiden. Entfernen Sie zwischen jedem flachen Stoppschnitt einen dünnen Holzspan von der Rohlingskante. Kombinieren Sie dabei Schiebe- und Schälschnitte, um weiche Kanten zu erzeugen. Versuchen Sie, die Schnitte ungefähr gleich breit werden zu lassen (etwa ein Drittel der Rohlingsstärke). Wenn Sie dabei vorsichtig vorgehen, verläuft rund um den gesamten Delphin eine durchgehende Linie. Versäubern Sie Ihre Schnitte.

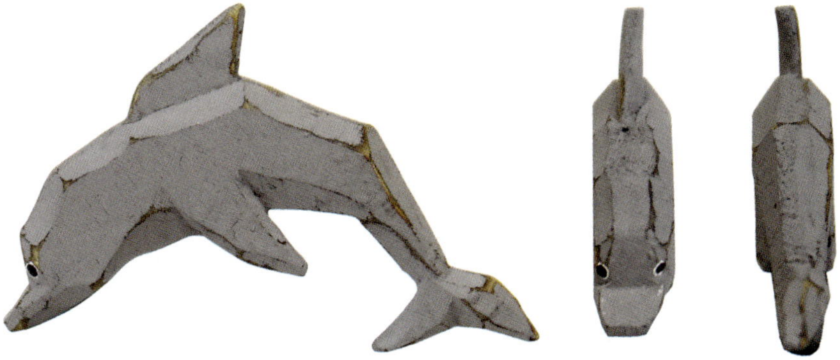

Bemalung und Fertigstellung

Sie können den Delphin auf unterschiedliche Art und Weise fertigstellen: Lassen Sie die Messerschnitte sichtbar für einen Karikaturstil, beizen oder bemalen Sie das Werkstück oder schmirgeln Sie es glatt. Kombinieren Sie diese Techniken oder lassen Sie den Delphin einfach so, wie er ist. Schlagen Sie im Anhang im Abschnitt „Fertigstellung" für weitere Informationen nach. Ich habe mich dazu entschlossen, den Delphin mit grauer Farbe zu bemalen und ihn nach dem Trocknen leicht anzuschleifen, um die Kanten hervorzuheben.

Eisbär

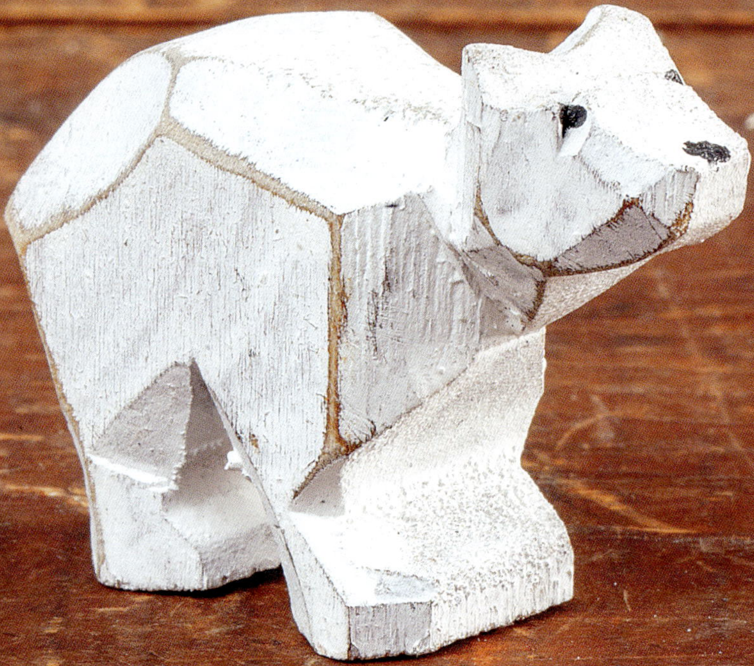

Siehe Vorlage auf Seite 92.

Der wissenschaftliche Name des Eisbären *ursus maritimus* bedeutet so viel wie „Seebär". Sehr passend, denn der Eisbär wird zwar an Land geboren, verbringt aber viel Zeit bei der Jagd am Eis und in den eisigen Gewässern der Arktis. Widmen Sie der Krümmung des Rückens besonderes Augenmerk; die Flächen verleihen dem Bären Dynamik und Charakter, indem sie andeuten, dass das Tier bereit ist, seine nächste Reise durch das Eis anzutreten.

Material & Werkzeug

Material:

- Lindenholz, 1,9 cm dick: 3,8 cm x 5,1 cm
- Schleifpapier mit verschiedenen Körnungen
- Acrylfarben: Schwarz, Titanweiß

Werkzeug:

- Bogen-, Band- oder Dekupiersäge
- Kleines Schnitzmesser
- Verschiedene dünnere Farbpinsel

Erste Schritte

Übertragen Sie die Vorlage auf das Holz und schneiden Sie es dann mit einer Band-, Dekupier- oder Bogensäge entlang der Umrisse zu. Zeichnen Sie auf beiden Seiten die Detaillinien und die Mittellinie entlang der Rohlingskanten ein.

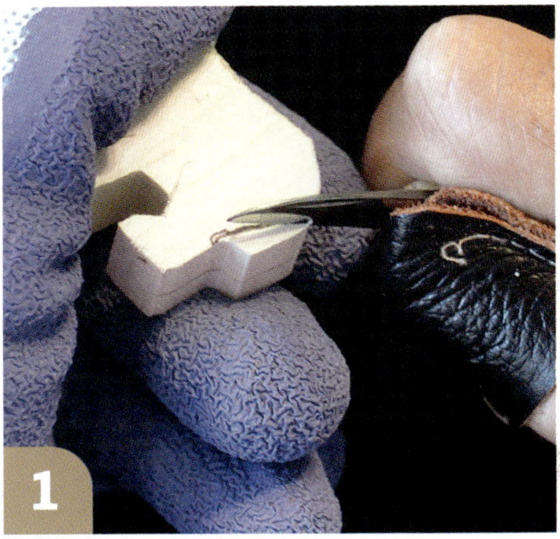

Den Schwanz schnitzen. Machen Sie Stoppschnitte zwischen dem Eisbärschwanz und dem Rumpf auf beiden Seiten des Rohlings. Wiegen Sie die Klinge auf und nieder, um den Schnitt durchzuführen.

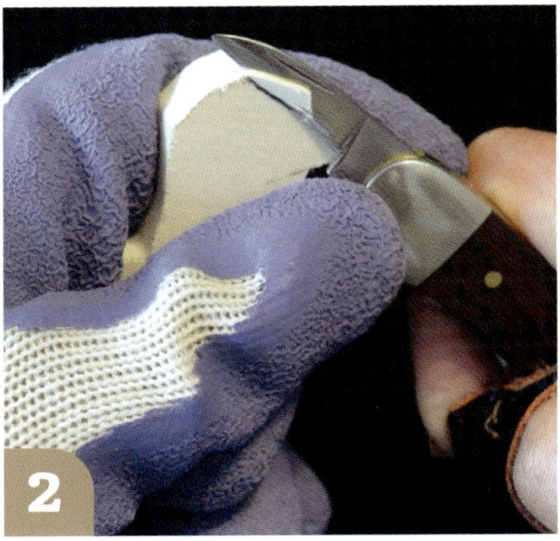

Den Schwanz verschmälern. Entfernen Sie dünne Späne von der Außenkante des Schwanzes hin zu den Stoppschnitten mit dem Daumen als Drehpunkt. Wiederholen Sie diesen Vorgang, lassen Sie die Einschnitte ein wenig tiefer werden und entfernen Sie dabei dünne Späne vom Schwanz, bis Sie auf jeder Seite des Rohlings etwa ein Drittel der Schwanzstärke entfernt haben. Nutzen Sie die Mittellinie zu Ihrer Orientierung.

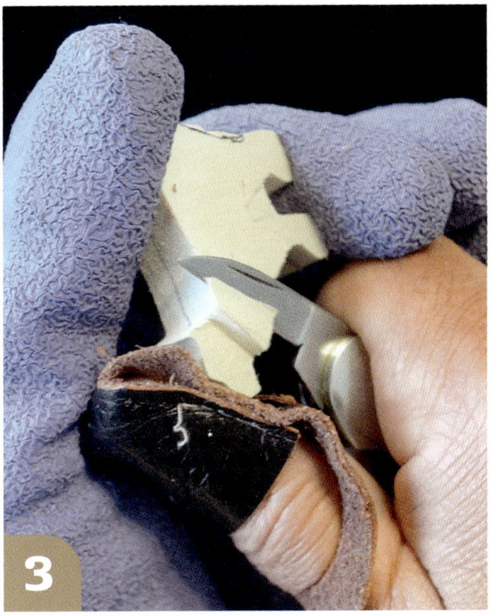

Den Kopf schnitzen. Machen Sie auf beiden Seiten des Rohlings Stoppschnitte zwischen Kopf und Hals des Eisbären. Der Kopf sollte schmaler sein als der Körper. Verwenden Sie Schiebe- oder Schälschnitte (je nach Vorliebe), um dünne Späne von der Nase bis nach hinten zum Einschnitt zwischen Kopf und Hals zu schnitzen. Entfernen Sie diese dünnen Holzspäne, bis der Kopf dünner als der Körper ist, und lassen Sie ihn sich zur Nase hin verjüngen. Verwenden Sie entweder Schäl- oder daumenunterstützte Schiebeschnitte, um die Halspartie auf beiden Seiten des Rohlings zwischen dem Körper und dem Einschnitt zwischen Kopf und Hals zu verschmälern.

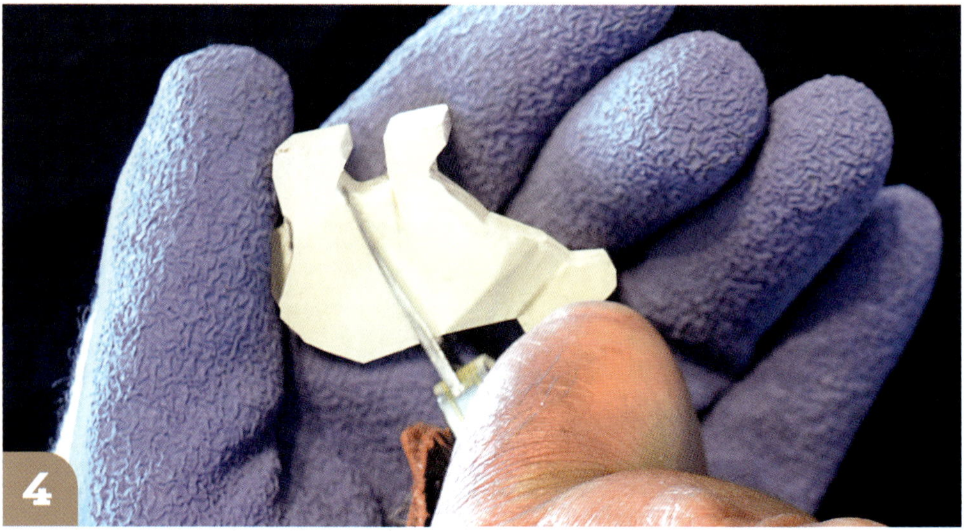

Details für die Flanken ausarbeiten. Schnitzen Sie Einschnitte hinter den Vorder- und vor den Hinterbeinen, wie im Bild gezeigt. Entfernen Sie v-förmig die Späne vom Bauch hin zu den Einschnitten hinter den Vorderbeinen und vor den Hinterbeinen. Verwenden Sie die Mittellinie als Bezugspunkt, damit die Späne die gleiche Größe und Form bekommen.

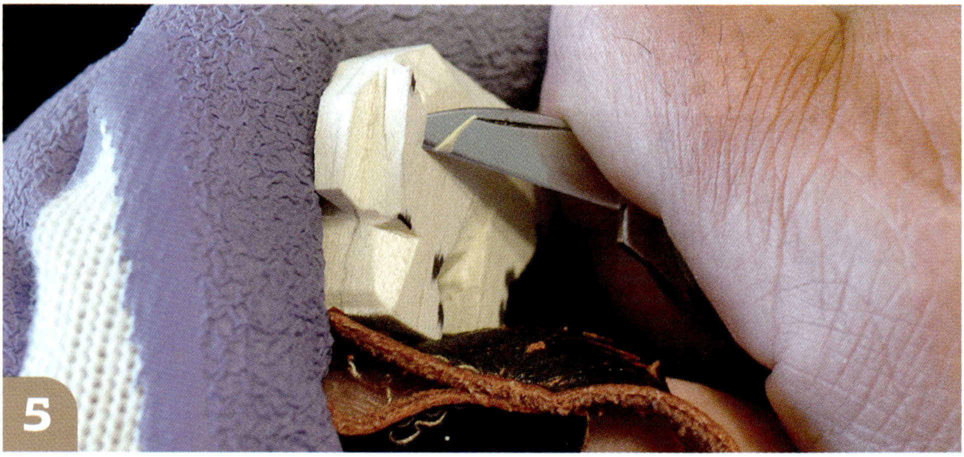

Die Details an den Flächen ausarbeiten. Mit einem Bleistift markieren Sie die Punkte, an denen die Flächen des Rohlings aneinanderstoßen. Schnitzen Sie an jedem dieser Punkte einen kleinen Einschnitt. Bearbeiten Sie den Rohling auf diese Weise auf beiden Seiten. Zwischen jedem der flachen Einschnitte an den Kanten entfernen Sie ein dünnes Holzscheibchen von der Kante des Rohlings, sodass glatte Flächen entstehen. Nutzen Sie dazu eine Kombination aus Schäl- und Schiebeschnitten, bei denen Sie den Daumen zu Hilfe nehmen. Achten Sie darauf, dass die Schnitte glatt und in gleichmäßiger Breite erfolgen (etwa ein Drittel der Rohlingsstärke). Wenn Sie achtsam arbeiten, gibt es eine durchgehende Linie, die rund um den Bären verläuft. Versäubern Sie Ihre Schnitte.

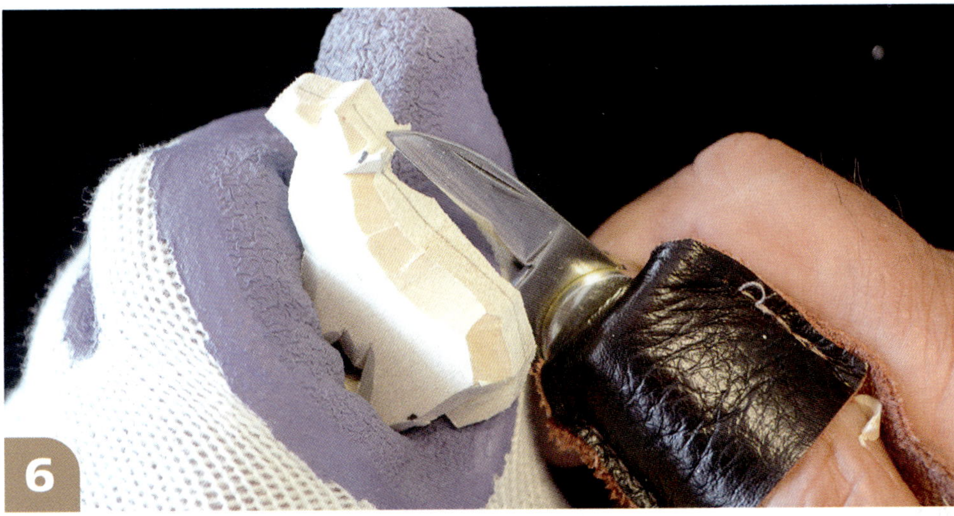

Die Ohren voneinander trennen. Schnitzen Sie zwei schräge Schnitte zwischen den Ohren und entfernen Sie dann den entstandenen Holzspan.

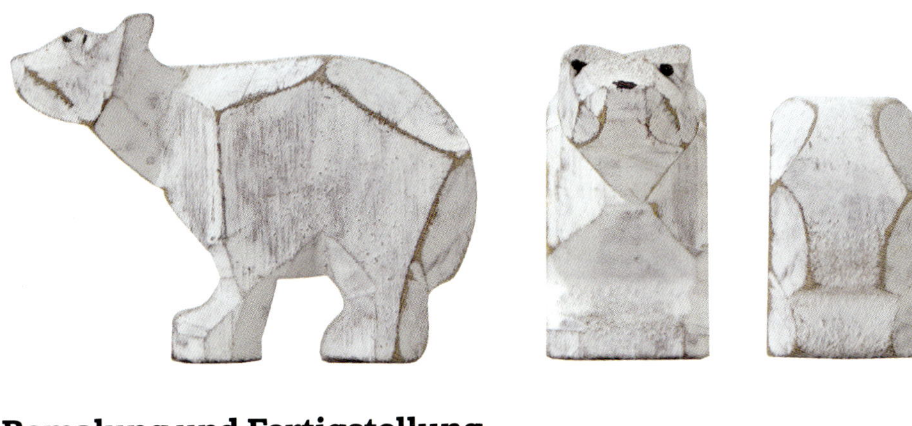

Bemalung und Fertigstellung

Sie können Ihren Eisbären auf unterschiedliche Art und Weise fertigstellen: Lassen Sie die Schnitte sichtbar für einen Karikaturstil, beizen oder lackieren Sie Ihr Werkstück oder schleifen Sie es glatt. Sie können diese Techniken kombinieren oder den Bären so lassen, wie er ist. Schlagen Sie im Anhang im Abschnitt „Fertigstellung“ für weitere Informationen nach. Ich habe mich dazu entschlossen, das Tier mit verdünnter weißer Acrylfarbe zu bemalen und es nach dem Trocknen leicht anzuschleifen, um die Konturen zu betonen.

WAL

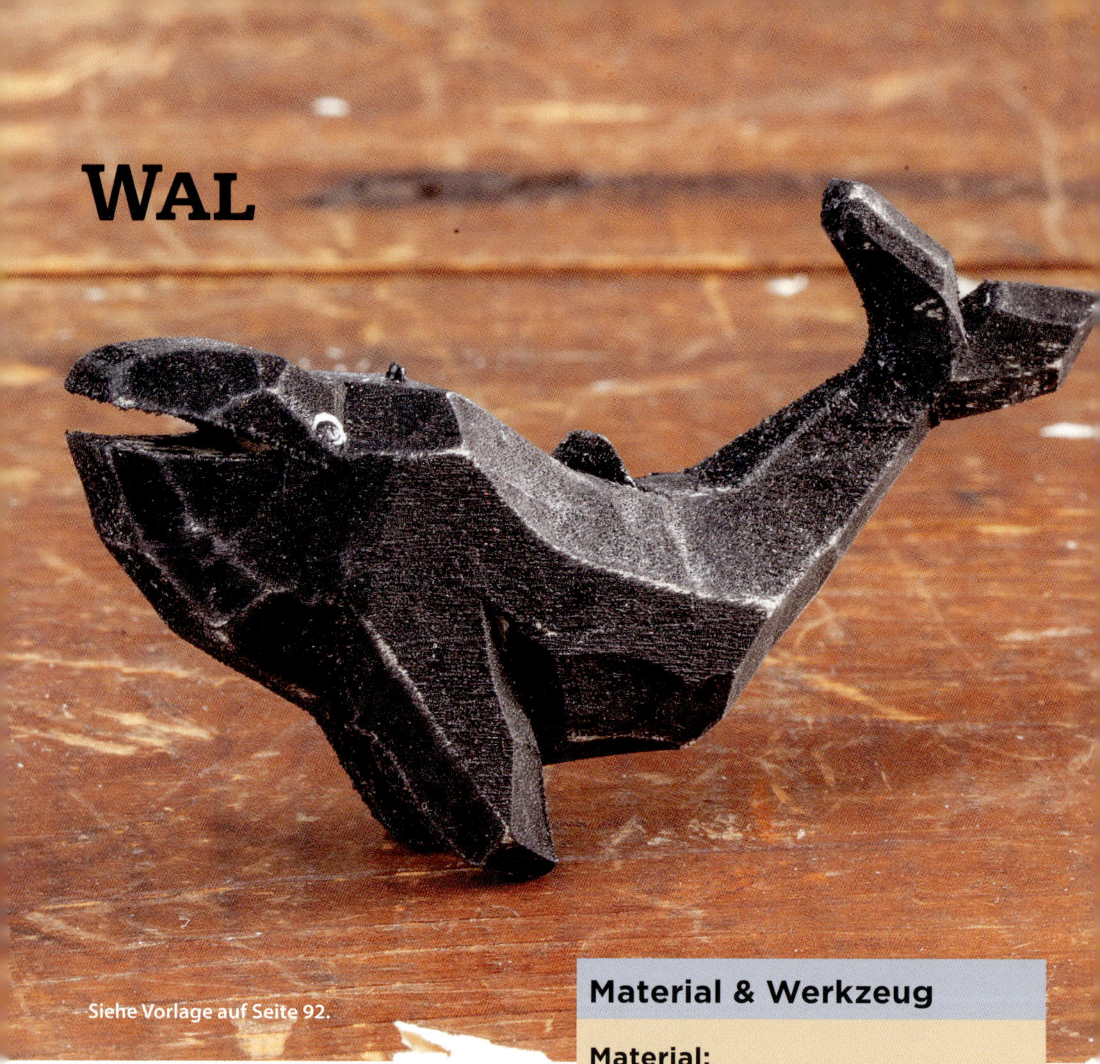

Siehe Vorlage auf Seite 92.

Geheimnisvoll und majestätisch sind Wale die größten Lebewesen auf dem Planeten Erde – und jetzt können Sie sie in Ihrer Tasche herumtragen! Mit ihrer unverwechselbaren Farbe sieht meine Schnitzerei aus wie ein Grauwal; Sie können ihm aber den letzten Schliff verleihen, um aus diesem Werkstück den Bartenwal Ihrer Wahl zu machen, vom massiven Blauwal hin zum musikalischen Buckelwal.

Material & Werkzeug

Material:

- Lindenholz, 1,9 cm dick: 3,8 cm x 7 cm
- Schleifpapier mit verschiedenen Körnungen
- Acrylfarben: Dunkelgrau, Schwarz, Titanweiß

Werkzeug:

- Bogen-, Band- oder Dekupiersäge
- Kleines Schnitzmesser
- Verschiedene dünnere Farbpinsel

Erste Schritte

Übertragen Sie die Vorlage auf das Holz und schneiden Sie es dann mit einer Band-, Dekupier- oder Bogensäge entlang der Umrisse zu. Zeichnen Sie auf beiden Seiten des Rohlings die Detaillinien und die Mittellinie entlang der Rohlingskanten ein.

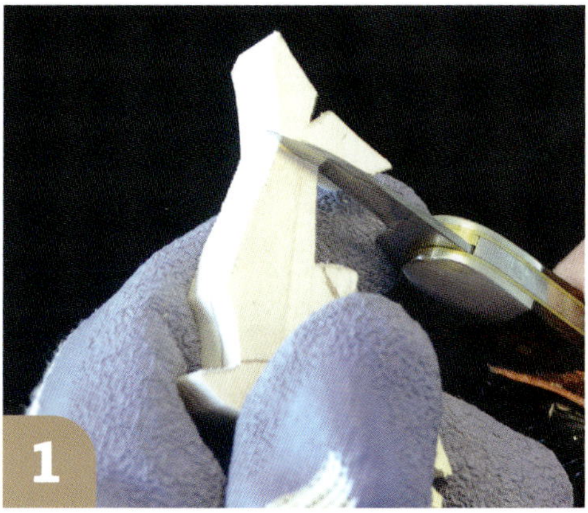

Die charakteristischen Merkmale schnitzen. Machen Sie auf beiden Seiten des Rohlings Stoppschnitte zwischen der Rückenfinne des Wals und dem Körper. Wiegen Sie die Klinge auf und nieder, um den Schnitt durchzuführen. Denselben Vorgang wiederholen Sie für die Fluke (Schwanzflosse).

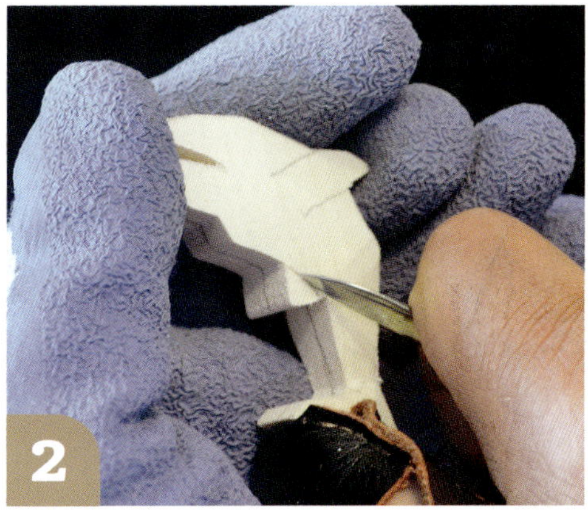

Die Rückenfinne verschmälern. Entfernen Sie dünne Holzscheibchen von der Außenkante der Rückenflosse hinunter bis hin zu den Einschnitten. Nutzen Sie dafür den Schälschnitt. Verschmälern Sie die Finne gleichmäßig auf beiden Seiten des Rohlings und orientieren Sie sich dabei an der Mittellinie.

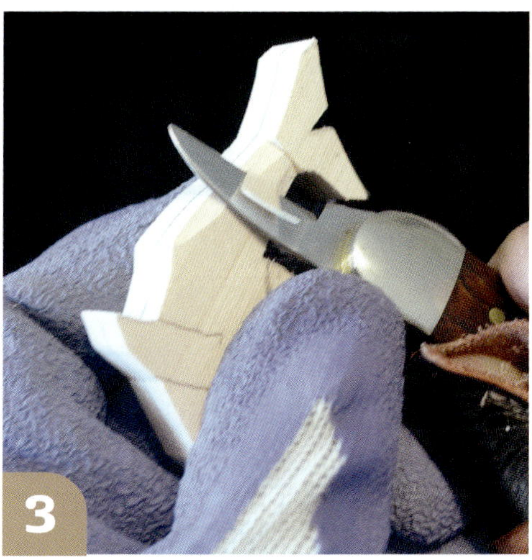

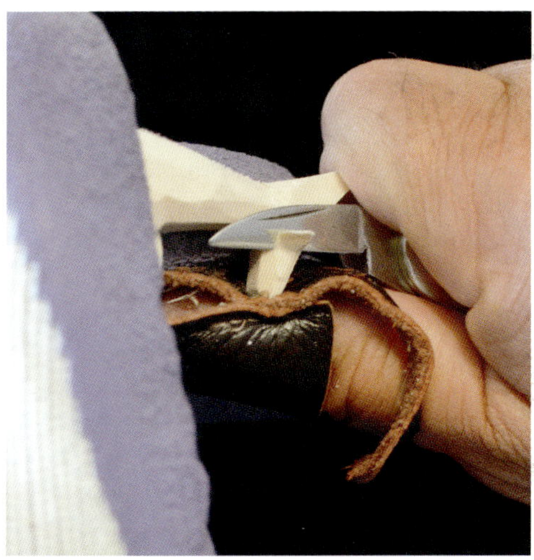

Die Flossen verschmälern. Verwenden Sie den Schälschnitt und/oder den Schiebeschnitt mit Daumenhilfe, um die Partie zwischen Finne und Hinterteil zu verschmälern und zu verjüngen. Schnitzen Sie auf diese Weise auf beiden Seiten. Ihr Daumen kann Ihnen eine große Hilfe als Drehpunkt sein. Verschmälern Sie die Fluke auf dieselbe Weise. Nutzen Sie die Mittellinie zu Ihrer Orientierung.

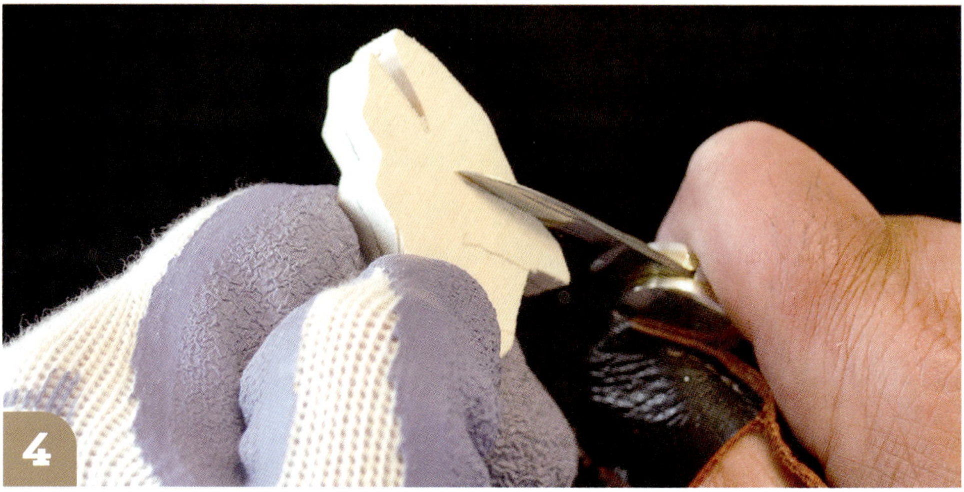

Die Seitenflossen aus dem Körper herausschnitzen. Schnitzen Sie Einschnitte entlang der Rohlingskante vor und hinter den Seitenflossen. Entfernen Sie die Holzspäne vom Bauch hin zu den Einschnitten auf beiden Seiten. Nutzen Sie die Mittellinie zu Ihrer Orientierung, damit beide Seiten gleich werden.

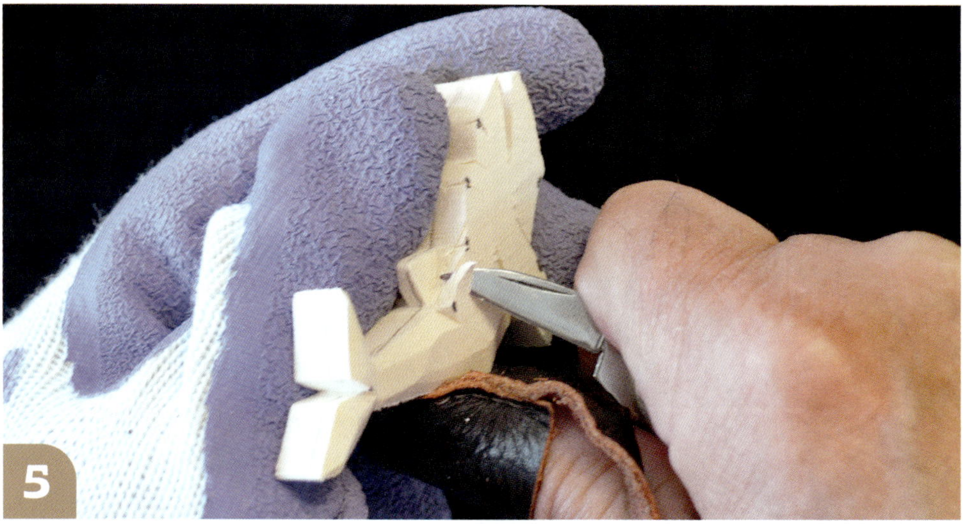

Die Details an den Flächen ausarbeiten. Markieren Sie mit einem Bleistift, wo die Flächen des Rohlings aufeinandertreffen. Schnitzen Sie dann einen flachen Einschnitt an den Kanten dieser Stellen. Entfernen Sie ein dünnes Holzscheibchen zwischen den flachen Einschnitten am Rohling. Kombinieren Sie Schälschnitte und Schiebeschnitte mit Daumenhilfe, um glatte Flächen zu bekommen. Versuchen Sie, die Schnitte ungefähr gleich breit anzulegen (etwa ein Drittel der Rohlingsstärke). Versäubern Sie Ihre Schnitte.

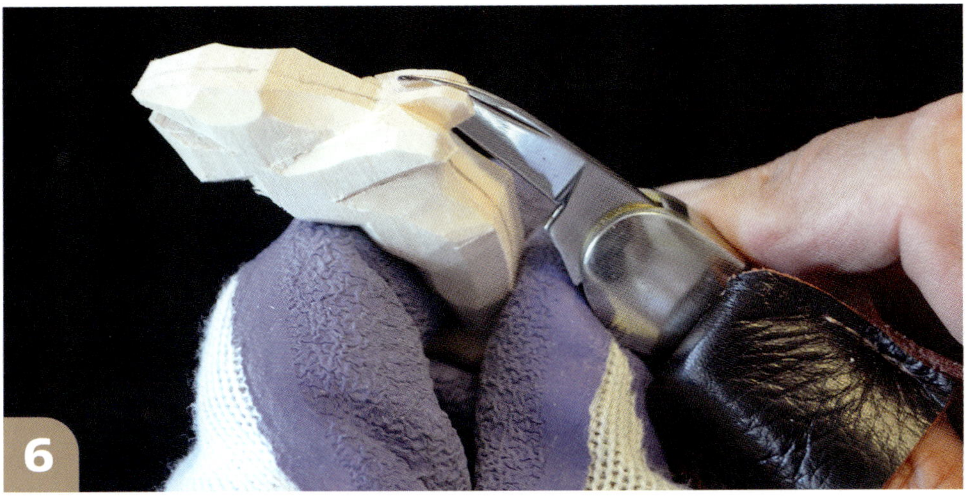

Die Seitenflossen schnitzen. Schnitzen Sie schräge Schnitte und entfernen Sie den Holzspan, der sich gebildet hat. Passen Sie dabei auf, dass Ihnen keines der feinen Details abbricht.

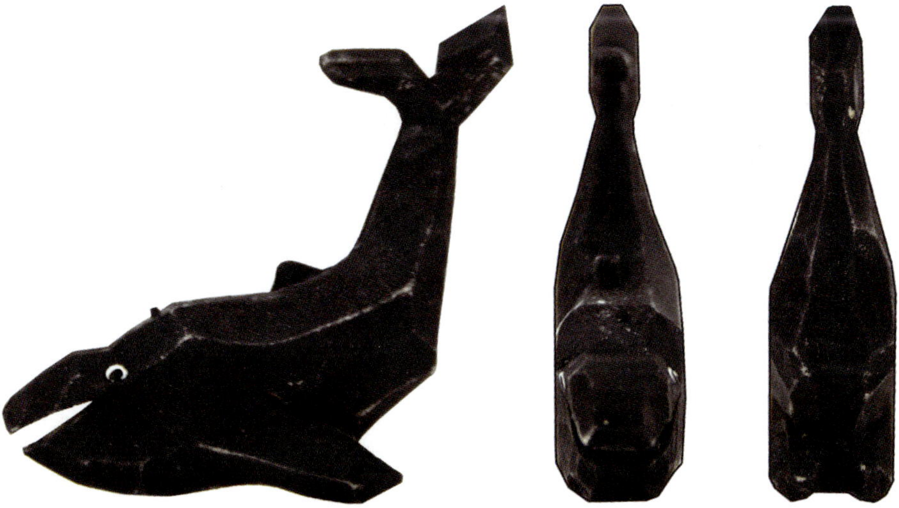

Bemalung und Fertigstellung

Sie können Ihren Wal auf unterschiedliche Art und Weise fertigstellen: Lassen Sie die Schnitte sichtbar für einen Karikaturstil, beizen oder lackieren Sie Ihr Werkstück oder schleifen Sie es glatt. Sie können diese Techniken kombinieren oder den Wal so lassen, wie er ist. Schlagen Sie im Anhang im Abschnitt „Fertigstellung" für weitere Informationen nach. Ich habe mich dazu entschlossen, meinen Wal mit verdünnter dunkelgrauer Acrylfarbe zu bemalen und ihn leicht anzuschleifen, nachdem die Farbe getrocknet ist, um die Konturen hervorzuheben.

Waldtiere

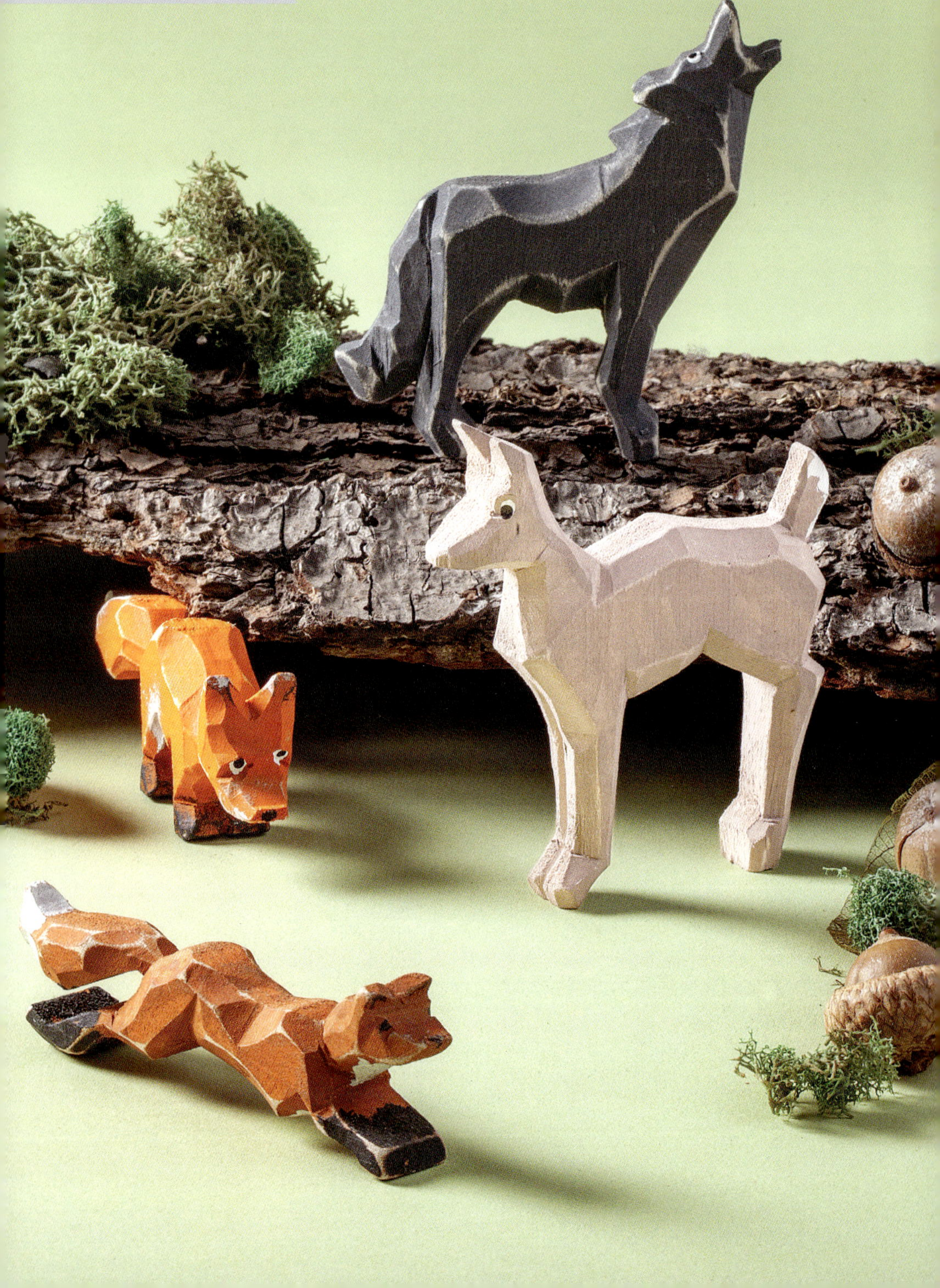

HIRSCH

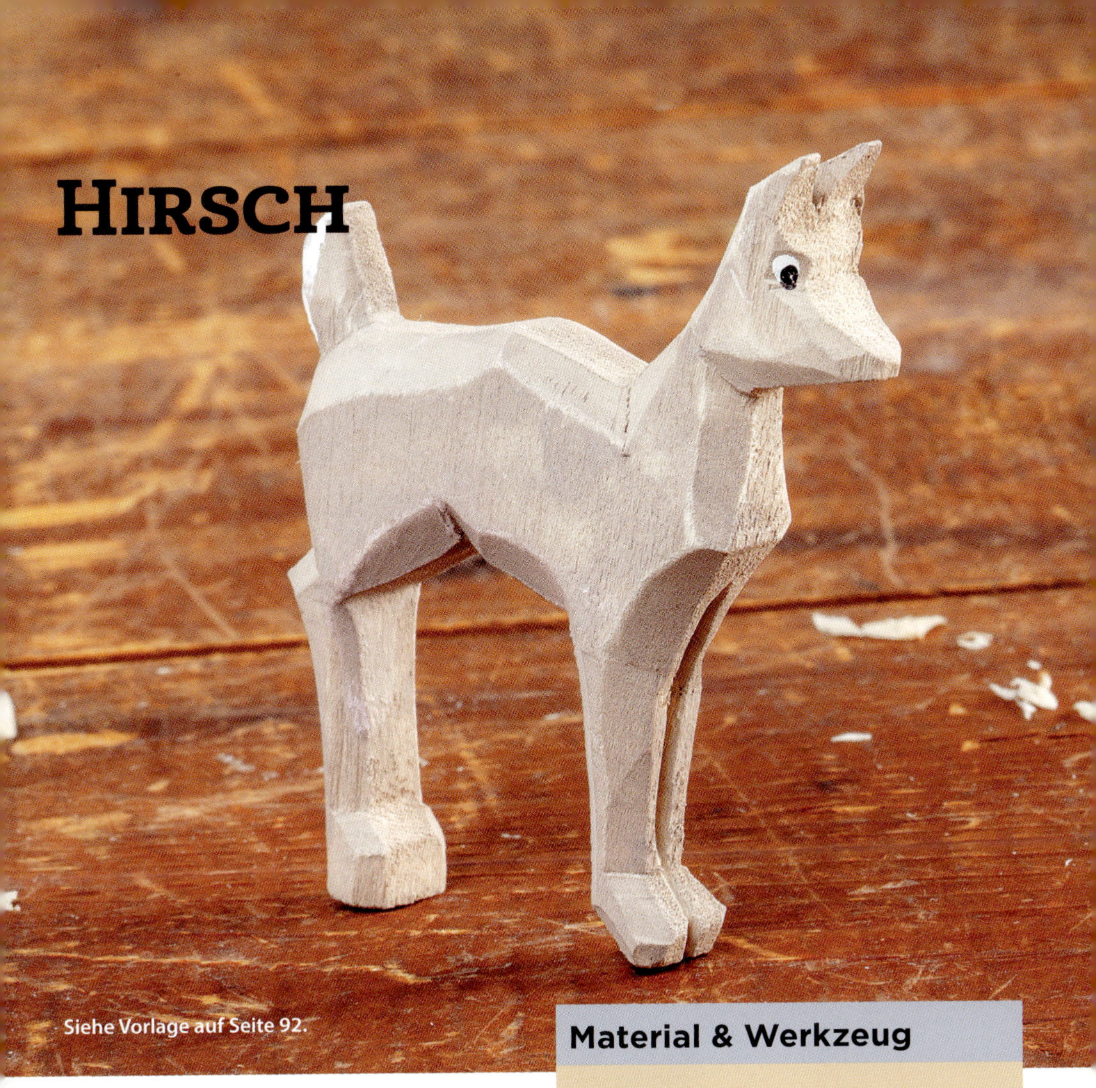

Siehe Vorlage auf Seite 92.

Der Weißwedelhirsch, der in ganz Nordamerika und bis nach Peru zu finden ist, hebt alarmiert den Schwanz, wenn er ein Raubtier in der Nähe entdeckt. Meine Schnitzerei ist eine Hirschkuh (oder ein Reh), aber Sie können ein Geweih hinzufügen, wenn Sie oben auf dem Kopf genügend Platz lassen. Achten Sie besonders auf die Proportionen der Beine: Werden sie zu kurz, kann Ihr Hirsch am Ende eher wie ein Hund aussehen. Lassen Sie sie lang, kann der Hirsch durch den Wald laufen und springen.

Material & Werkzeug

Material:

- Lindenholz, 1,6 cm dick: 7 cm x 7,6 cm
- Schleifpapier mit verschiedenen Körnungen
- Acrylfarben: Rindenbraun, Schwarz, Titanweiß

Werkzeug:

- Bogen-, Band- oder Dekupiersäge
- Kleines Schnitzmesser
- Verschiedene dünnere Farbpinsel

Erste Schritte

Übertragen Sie die Vorlage auf das Holz und schneiden Sie es dann mit einer Band-, Dekupier- oder Bogensäge entlang der Umrisse zu. Zeichnen Sie die Linien für die Details auf beiden Seiten und die Mittellinie rund um die Kante des Rohlings ein.

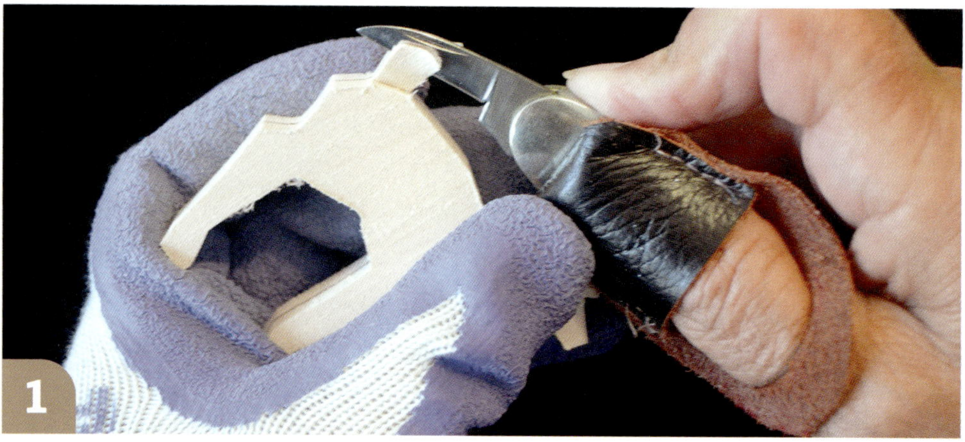

1

Den Schwanz verschmälern. Machen Sie auf beiden Seiten des Rohlings Stoppschnitte zwischen dem Schwanz und dem Rumpf des Hirschen. Entfernen Sie dünne Holzscheibchen von der Außenkante des Schwanzes hin zu den Einschnitten. Versuchen Sie, den Daumen als Drehpunkt zu nutzen. Schnitzen Sie so lange weiter Stoppschnitte und entfernen Sie Holzscheibchen, bis Sie auf jeder Seite des Rohlings etwa ein Drittel des Schwanzes entfernt haben.

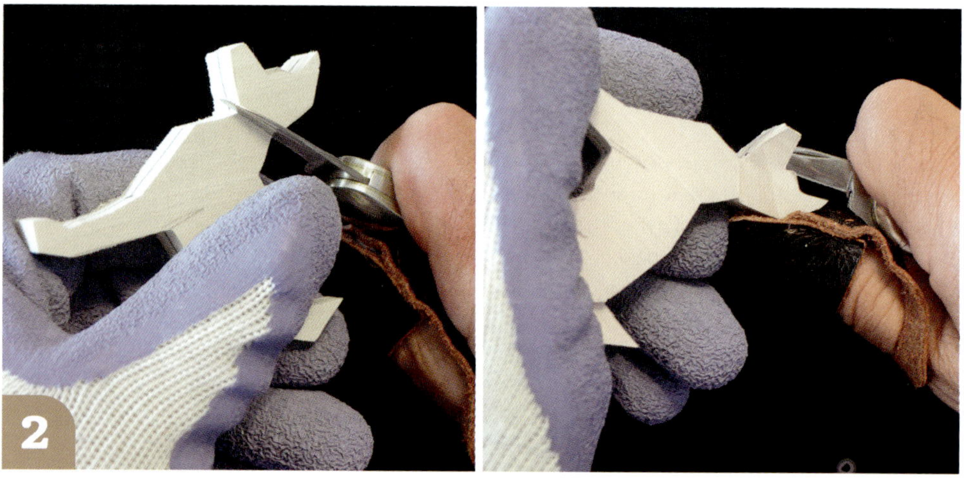

2

Den Kopf vom Körper abheben. Schnitzen Sie einen Einschnitt zwischen Kopf und Hals. Entfernen Sie dann dünne Holzscheibchen von den Seiten der Hirschnase bis hin zum Einschnitt, der den Kopf vom Hals trennt. Bedienen Sie sich der Technik daumenunterstützter Schiebeschnitte und/oder Schälschnitte. Wiederholen Sie diesen Vorgang, bis der Kopf des Hirschen schmaler ist als der Körper und sich leicht zur Nase hin verjüngt.

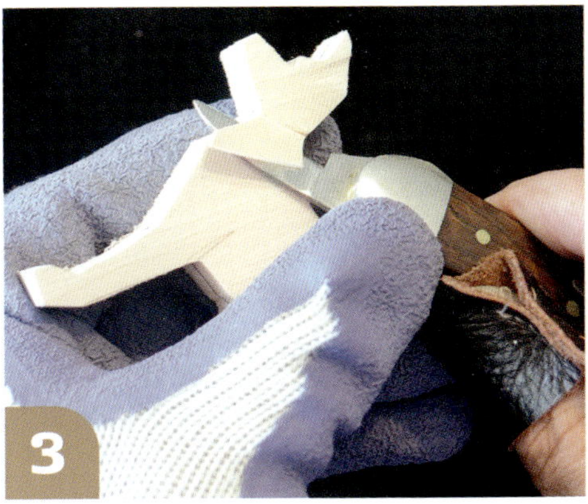

Den Hals schnitzen. Verwenden Sie entweder Schäl- oder Schiebeschnitte (mit Hilfe des Daumens), um das Holz auf beiden Seiten des Rohlings bis hinauf zum Einschnitt zwischen Kopf und Hals zu entfernen.

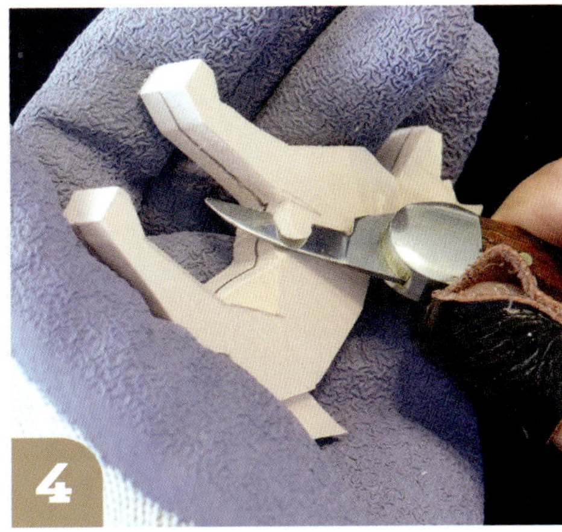

Details für die Flanken ausarbeiten. Schnitzen Sie Einschnitte hinter den Vorderbeinen und vor den Hinterbeinen, wie in der Anleitung gezeigt. Entfernen Sie die Holzspäne vom Bauch hin zu den Einschnitten an der Rückseite der Vorderbeine und an der Vorderseite der Hinterbeine. Verwenden Sie die Mittellinie als Bezugspunkt, damit die Späne die gleiche Größe und Form bekommen.

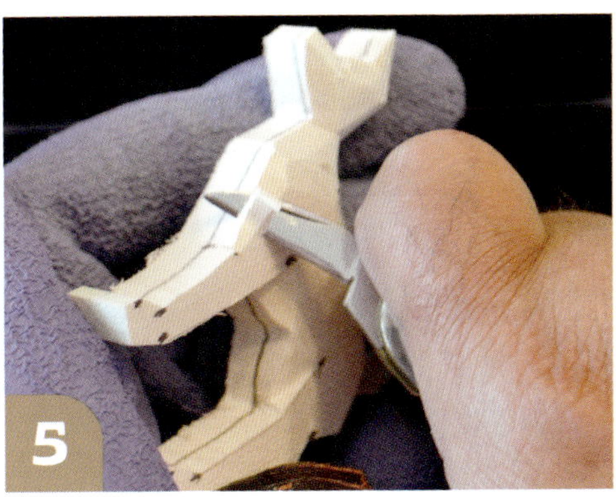

Die Details an den Flächen ausarbeiten. Markieren Sie mit einem Bleistift, wo sich die geraden Kanten des Rohlings schneiden. Schnitzen Sie auf beiden Seiten des Rohlings an jeder dieser Stellen einen flachen Stoppschnitt. Zwischen jedem der flachen Einschnitte entfernen Sie einen dünnen Holzspan von der Kante des Rohlings, sodass gerade Flächen entstehen. Kombinieren Sie Schiebe- und Schälschnitte. Achten Sie darauf, dass diese glatt und in gleichmäßiger Breite erfolgen (etwa ein Drittel der Rohlingsstärke). Wenn Sie dabei vorsichtig vorgehen, verläuft rund um den gesamten Hirschen eine durchgehende Linie – vergessen Sie nicht den Schwanz und versäubern Sie Ihre Schnitte.

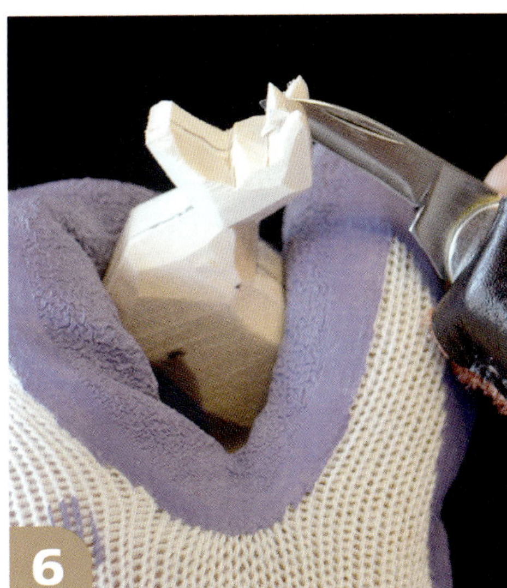

Die Ohren voneinander trennen. Schnitzen Sie zwei schräge Stoppschnitte zwischen den Ohren des Hirschen und entfernen Sie den Holzspan.

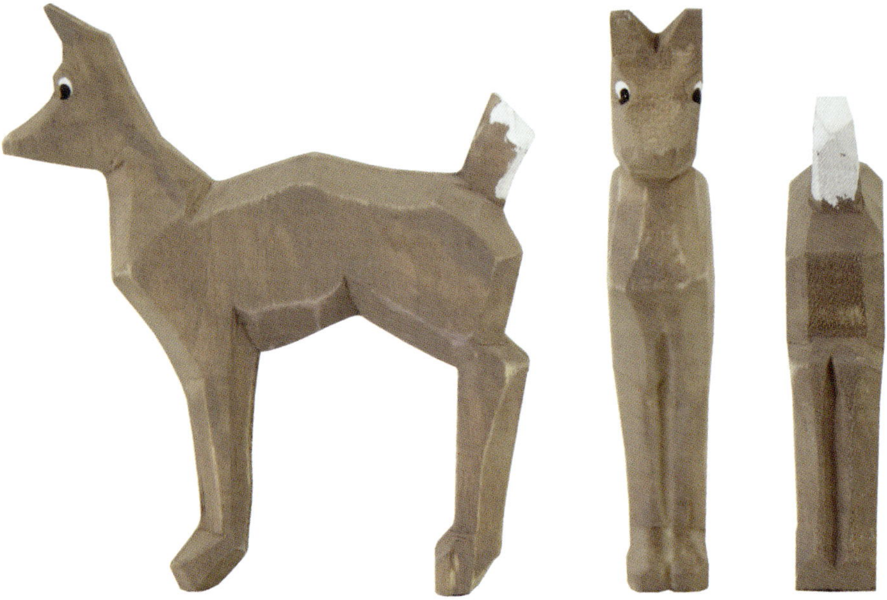

Bemalung und Fertigstellung

Sie können Ihren Hirsch auf unterschiedliche Art und Weise fertigstellen: Lassen Sie die Schnitte sichtbar für einen Karikaturstil, beizen oder lackieren Sie Ihr Werkstück oder schleifen Sie es glatt. Sie können diese Techniken kombinieren oder den Hirsch lassen, wie er ist. Schlagen Sie im Anhang im Abschnitt „Fertigstellung“ für weitere Informationen nach. Ich habe mich dazu entschlossen, den Hirsch mit verdünnter hellbrauner Farbe zu bemalen und ihn nach dem Trocknen leicht anzuschleifen, um die Konturen zu betonen. Dann habe ich die Unterseite des Schwanzes mit weißer Farbe versehen.

WOLF

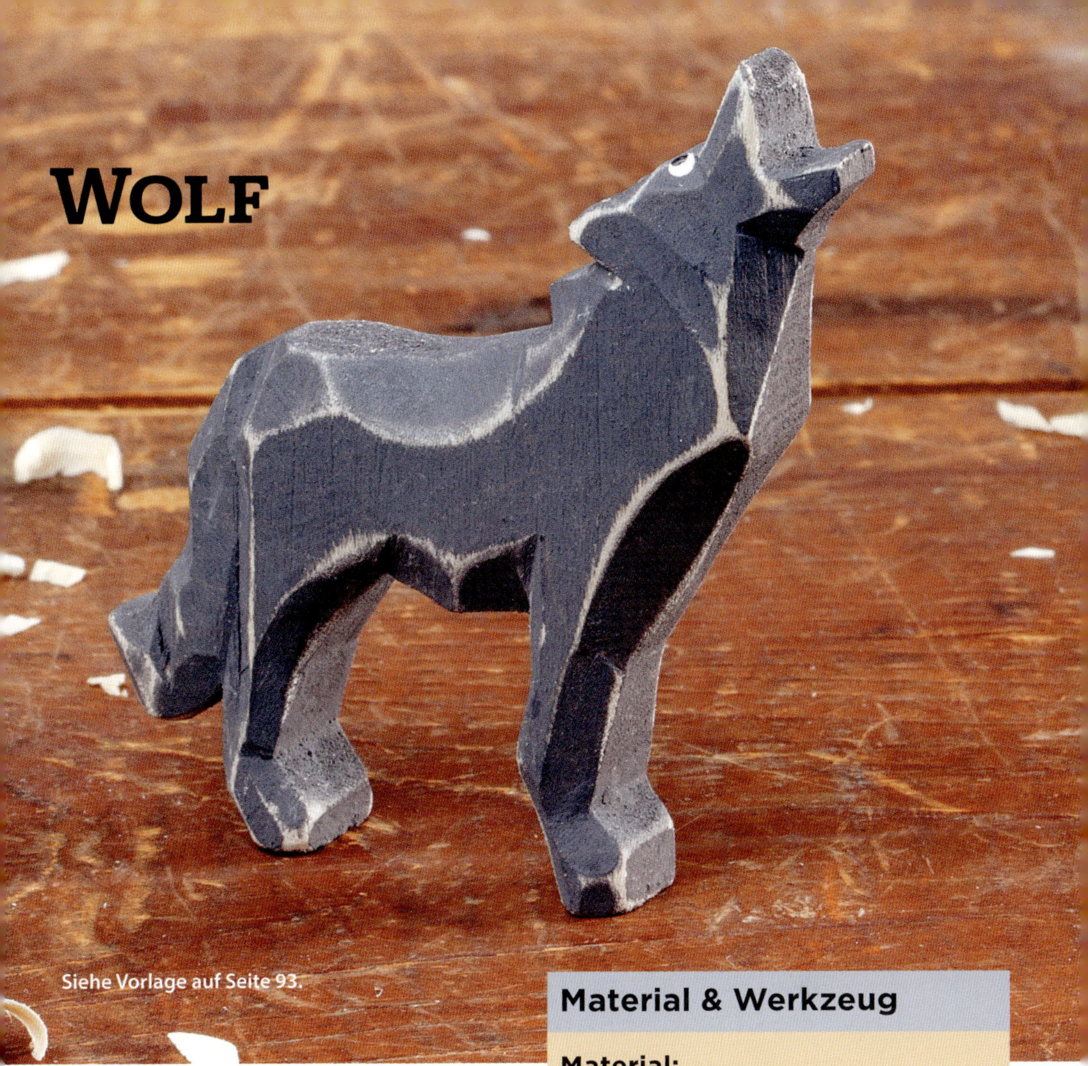

Siehe Vorlage auf Seite 93.

Dieses charmante Mitglied der Familie der Hundeartigen lässt Sie vor Freude laut aufheulen! Kluge Schnitte betonen die charakteristischen Merkmale des Wolfes: eine lange Schnauze, dickes Fell, große Pfoten und einen gebogenen Schwanz. Auch wenn sie überwiegend grau sind, können Wölfe ebenso mit weißem, braunem, schwarzem und rotem Fell punkten. Wölfe sind soziale Tiere, also schnitzen Sie am besten ein ganzes Rudel und schenken Sie es Ihren Freunden und der Familie!

Material & Werkzeug

Material:

- Lindenholz, 1,6 cm dick: 7 cm x 7,3 cm
- Schleifpapier mit verschiedenen Körnungen
- Acrylfarben: Dunkelgrau, Schwarz, Titanweiß

Werkzeug:

- Bogen-, Band- oder Dekupiersäge
- Kleines Schnitzmesser
- Verschiedene dünnere Farbpinsel

Erste Schritte

Übertragen Sie die Vorlage auf das Holz und schneiden Sie es dann mit einer Band-, Dekupier- oder Bogensäge entlang der Umrisse zu. Zeichnen Sie die Linien für die Details auf beiden Seiten und die Mittellinie rund um die Kante des Rohlings ein.

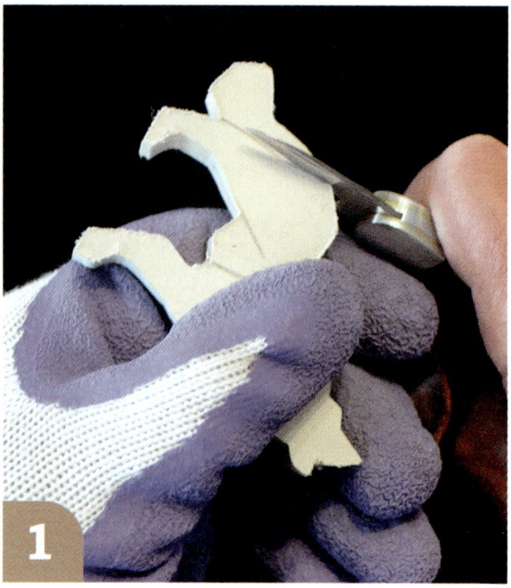

Den Schwanz schnitzen. Schnitzen Sie auf beiden Seiten des Rohlings Einschnitte zwischen dem Schwanz und dem Rumpf des Wolfs. Wiegen Sie die Klinge auf und nieder, um den Schnitt durchzuführen.

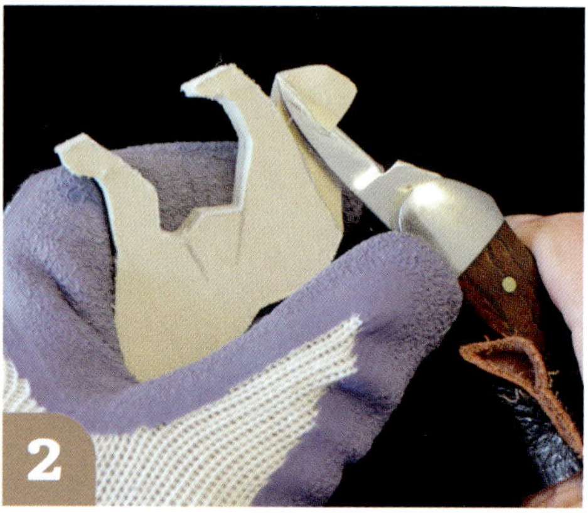

Den Schwanz verschmälern. Entfernen Sie dünne Holzscheibchen von der Außenkante des Schwanzes hinauf bis zu den Stoppschnitten. Verwenden Sie den Daumen als Drehpunkt. Wiederholen Sie diesen Vorgang, lassen Sie die Einschnitte ein wenig tiefer werden und entfernen Sie dabei dünne Holzscheibchen, bis Sie etwa ein Drittel der Rohlingsstärke auf jeder Seite abgetragen haben. Nutzen Sie die Mittellinie zu Ihrer Orientierung.

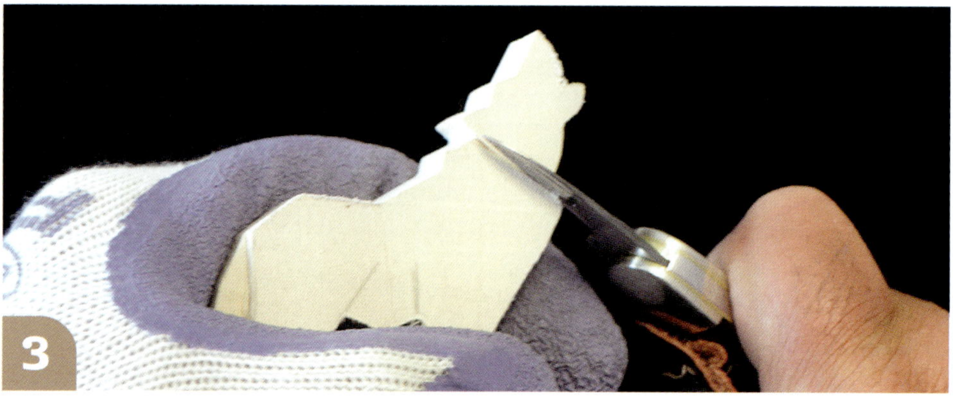

Den Kopf schnitzen. Schnitzen Sie auf beiden Seiten des Rohlings Stoppschnitte zwischen Kopf und Hals. Verwenden Sie Schiebe- oder Schälschnitte, um dünne Holzscheibchen von der Nase bis nach hinten zum Einschnitt zu entfernen, bis der Kopf schmaler ist als der Körper und sich zur Nase hin leicht verjüngt.

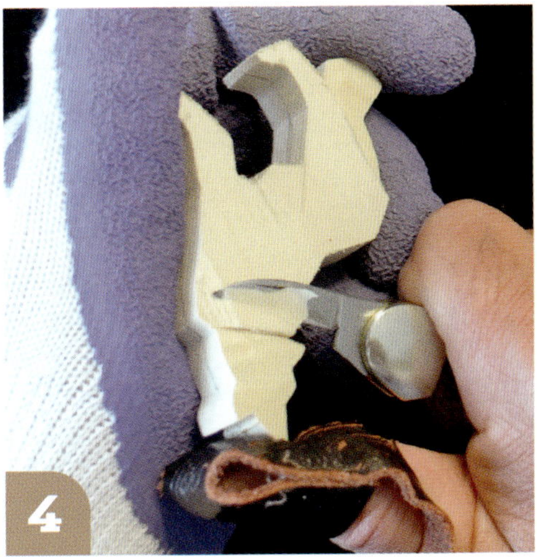

Den Hals verschmälern. Verschmälern Sie die Halspartie auf beiden Seiten des Rohlings mit Schälschnitten vom Körper bis zum Einschnitt zwischen Kopf und Hals. Achten Sie darauf, dass der Hals nicht zu schmal wird.

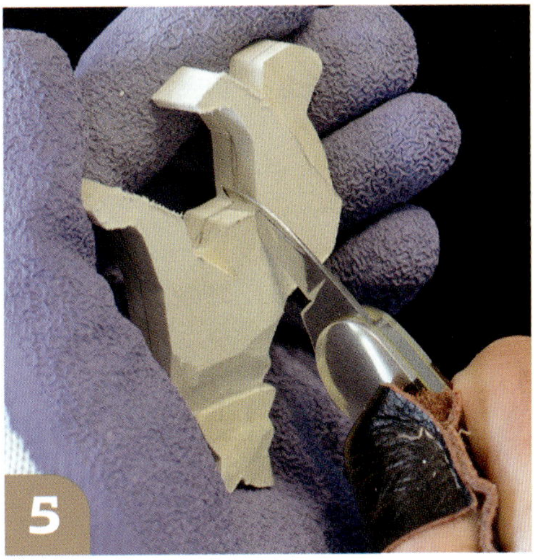

Details für die Flanken ausarbeiten. Bringen Sie, wie auf dem Bild gezeigt, Einschnitte hinter den Vorderbeinen und vor den Hinterbeinen an. Entfernen Sie Holzspäne vom Bauch hin zu den Einschnitten an der Rückseite der Vorderbeine und an der Vorderseite der Hinterbeine. Verwenden Sie die Mittellinie als Bezugspunkt, damit die Späne die gleiche Größe und Form bekommen.

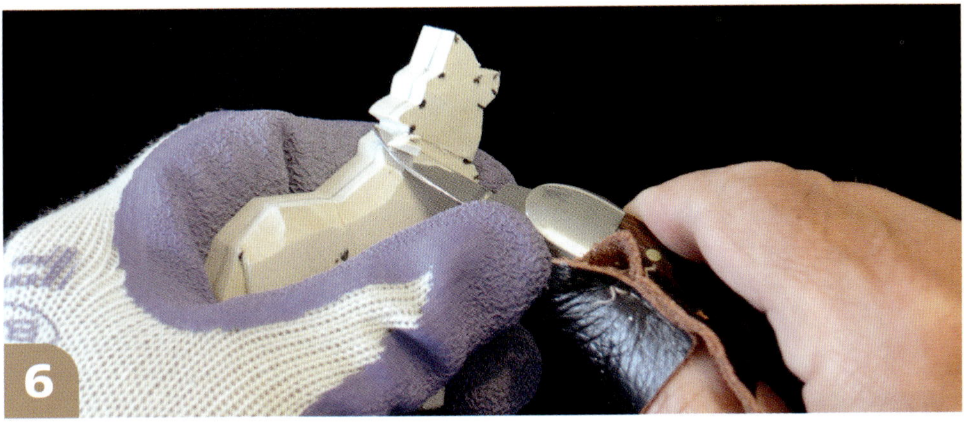

Die Details an den Flächen ausarbeiten. Markieren Sie mit einem Bleistift die Stellen, an denen die Flächen des Rohlings aufeinandertreffen. Schnitzen Sie auf beiden Seiten des Rohlings einen flachen Einschnitt an jeder dieser Stellen. Entfernen Sie zwischen jedem der flachen Einschnitte ein dünnes Holzscheibchen von der Kante des Rohlings, sodass gerade Flächen entstehen. Kombinieren Sie dazu daumenunterstützte Schiebe- und Schälschnitte. Achten Sie darauf, dass die Schnitte glatt und in gleichmäßiger Breite erfolgen (etwa ein Drittel der Rohlingsstärke). Wenn Sie dabei vorsichtig vorgehen, verläuft rund um den gesamten Wolf eine durchgehende Linie. Versäubern Sie Ihre Schnitte.

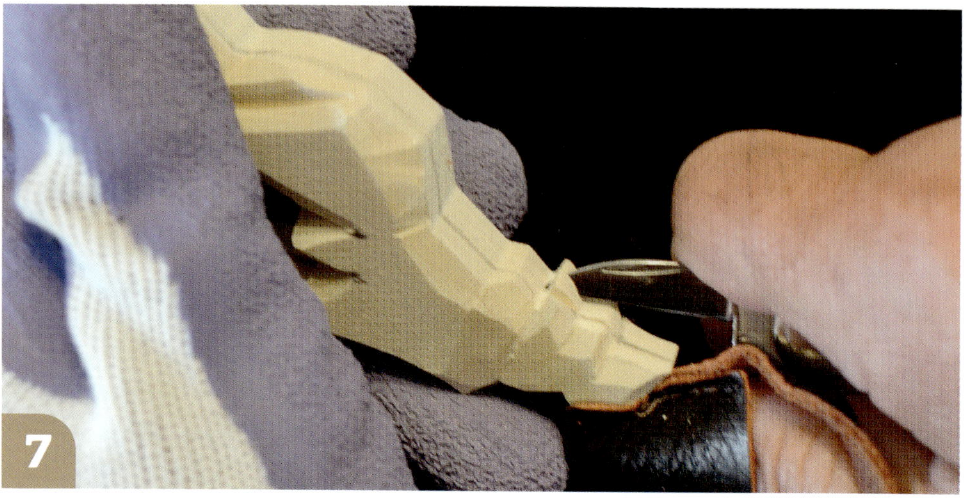

Die Ohren voneinander trennen. Schnitzen Sie zwei schräge Schnitte zwischen den Ohren und entfernen Sie dann den entstandenen Holzspan.

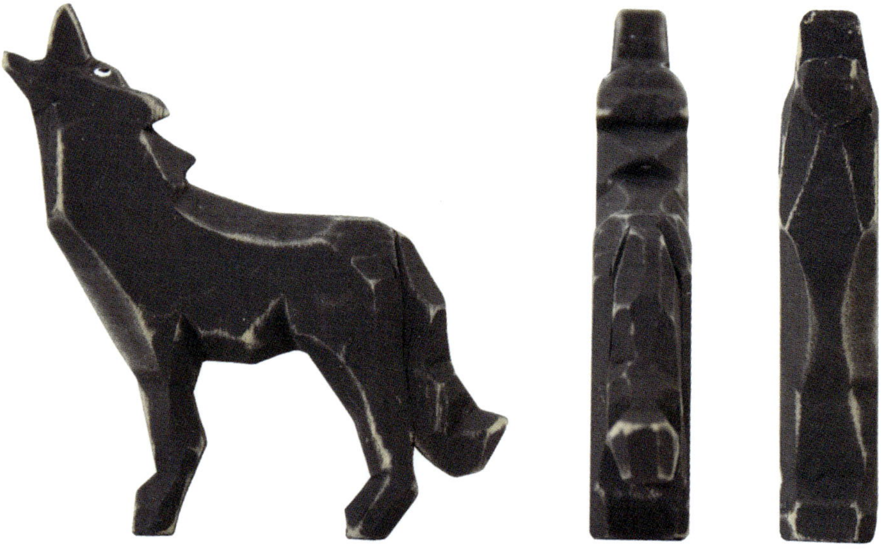

Bemalung und Fertigstellung

Sie können Ihren Wolf auf unterschiedliche Art und Weise fertigstellen: Lassen Sie die Schnitte sichtbar für einen Karikaturstil, beizen oder lackieren Sie Ihr Werkstück oder schleifen Sie es glatt. Sie können diese Techniken kombinieren oder den Wolf lassen, wie er ist. Schlagen Sie im Anhang im Abschnitt „Fertigstellung" für weitere Informationen nach. Ich habe mich dazu entschlossen, das Tier mit verdünnter dunkelgrauer Acrylfarbe zu bemalen und es nach dem Trocknen leicht anzuschleifen, um die Konturen zu betonen.

Stehender Fuchs

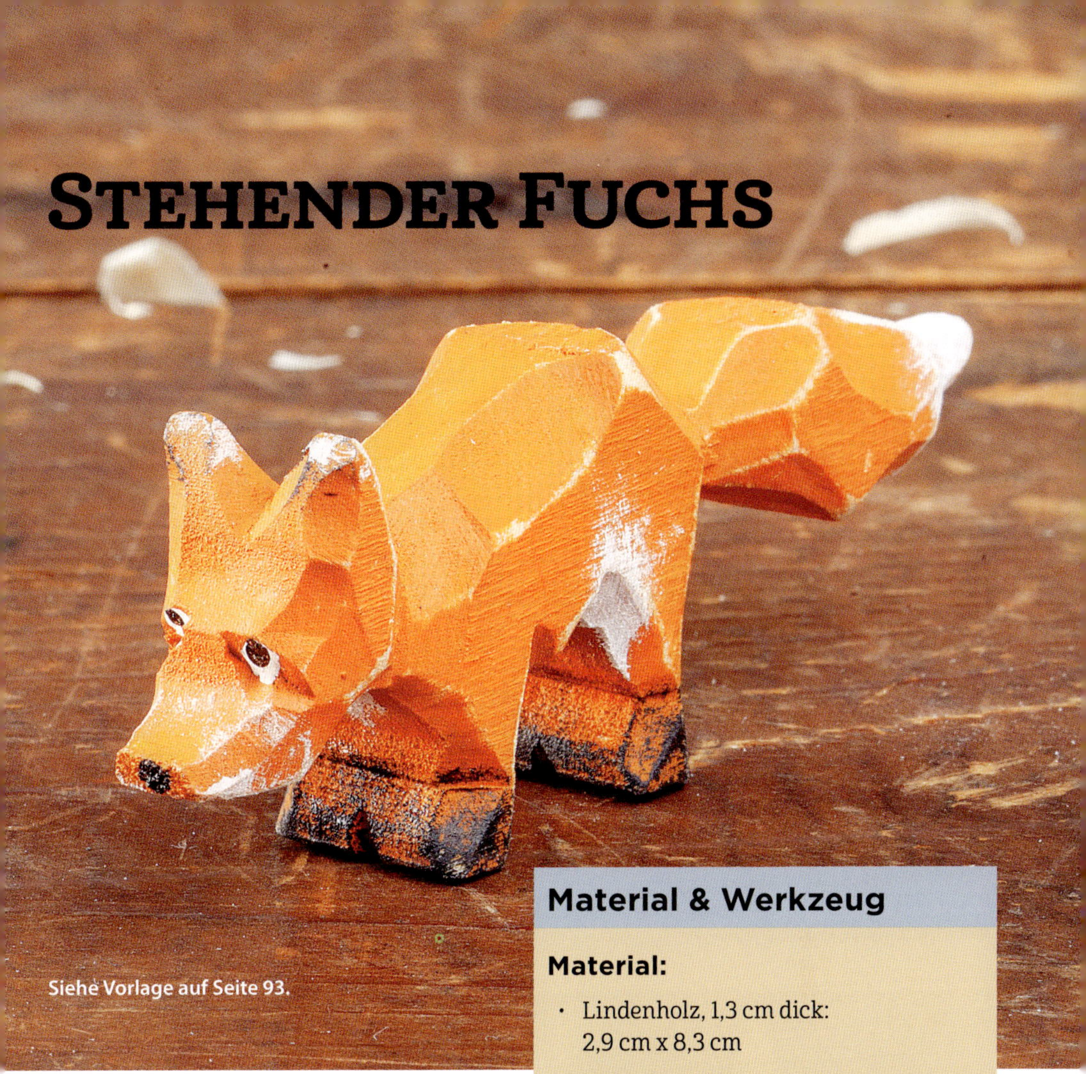

Siehe Vorlage auf Seite 93.

Rotfüchse sind verstohlen und schlau – und sie können sich an eine Vielzahl von Lebensräumen anpassen, vom warmen Australien bis hinauf zum eisigen Polarkreis. Auch meine stilisierte Version können Sie schier überall schnitzen – lassen Sie diesen gerissenen Kerl nur nicht zu nahe an das Huhn auf Seite 76!

Material & Werkzeug

Material:

- Lindenholz, 1,3 cm dick: 2,9 cm x 8,3 cm
- Stift
- Sprühkleber mit vorübergehender Haftwirkung (optional)
- Schleifpapier mit verschiedenen Körnungen
- Zahnstocher
- Acrylfarben: Kürbisorange, Schwarz, Titanweiß

Werkzeug:

- Bogen-, Band- oder Dekupiersäge
- Schnitzmesser
- Verschiedene dünnere Farbpinsel

Erste Schritte

Übertragen Sie die Vorlage auf das Holz und verwenden Sie dabei den Sprühkleber oder Ihre bevorzugte Methode. Schneiden Sie dann den Umriss mit einer Band-, Dekupier- oder Bogensäge aus. Zeichnen Sie auf beiden Seiten Detaillinien für Hals, Beine und Schwanz sowie eine Mittellinie entlang der Rohlingskanten ein.

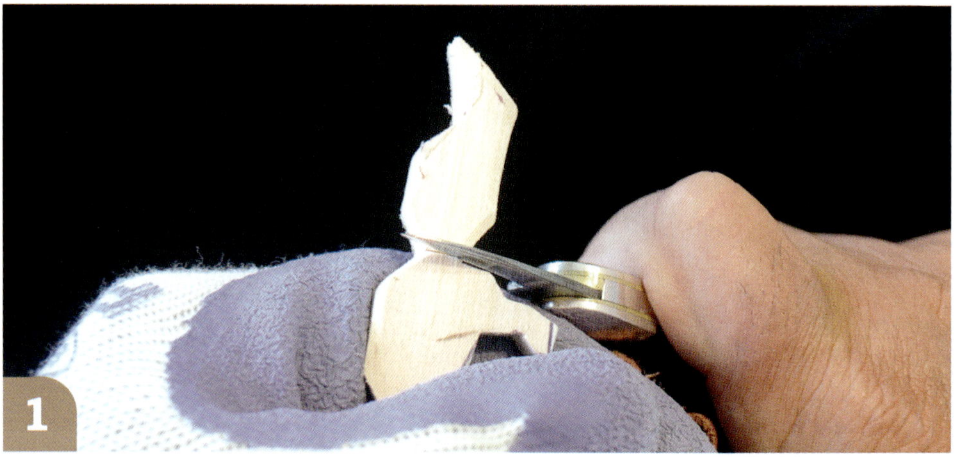

Den Schwanz aus dem Rumpf herausschnitzen. Machen Sie auf beiden Seiten des Rohlings Stoppschnitte zwischen dem Rumpf und dem Schwanz des Fuchses. Dafür legen Sie zunächst die Klinge auf die Kante des Rohlings und wiegen sie dann über der Bleistiftlinie nach oben und unten. Dies hilft Ihnen dabei, dem Schwanz seine Form zu verleihen.

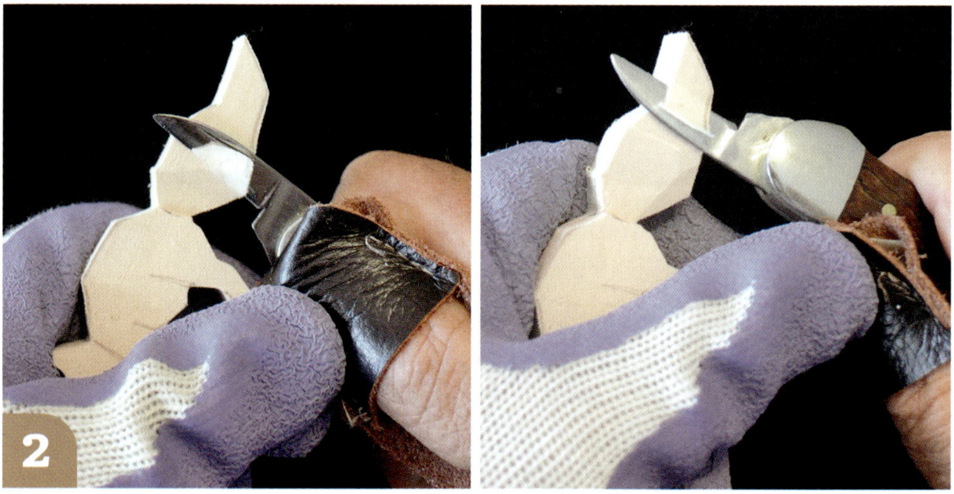

Den Schwanz formen. Schnitzen Sie eine Folge aus flachen, aber gut erkennbaren Schnitten von der Mitte des Schwanzes aus nach unten zu dem Einschnitt, den Sie gerade gemacht haben. Nutzen Sie Ihren Daumen als Drehpunkt, um die Kontrolle zu behalten. Dann verschmälern Sie den Schwanz von der Mitte aus bis zur Schwanzspitze.

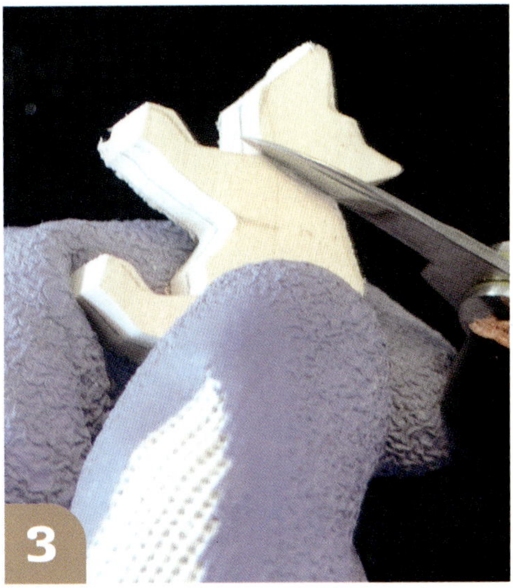

Den Kopf schnitzen. Schnitzen Sie auf beiden Seiten des Rohlings die Einschnitte zwischen dem Kopf und dem Hals des Fuchses. Machen Sie auch hier die Wiegebewegung aus Schritt 1.

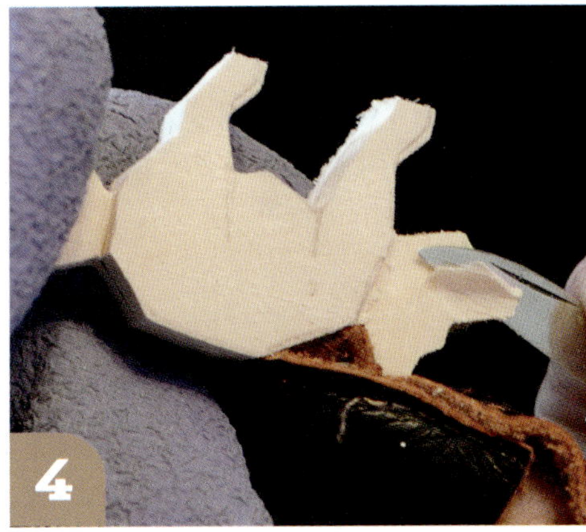

Den Kopf verschmälern. Nutzen Sie Schiebe- oder Schälschnitte, um dünne Holzscheibchen von der Nase zurück zu dem Einschnitt zwischen Kopf und Hals zu entfernen. Wenn Sie möchten, können Sie Ihren Daumen wieder als Drehpunkt verwenden. Entfernen Sie weiterhin dünne Holzspäne, bis der Kopf ein wenig dünner als der Körper ist und sich zur Nase hin verjüngt.

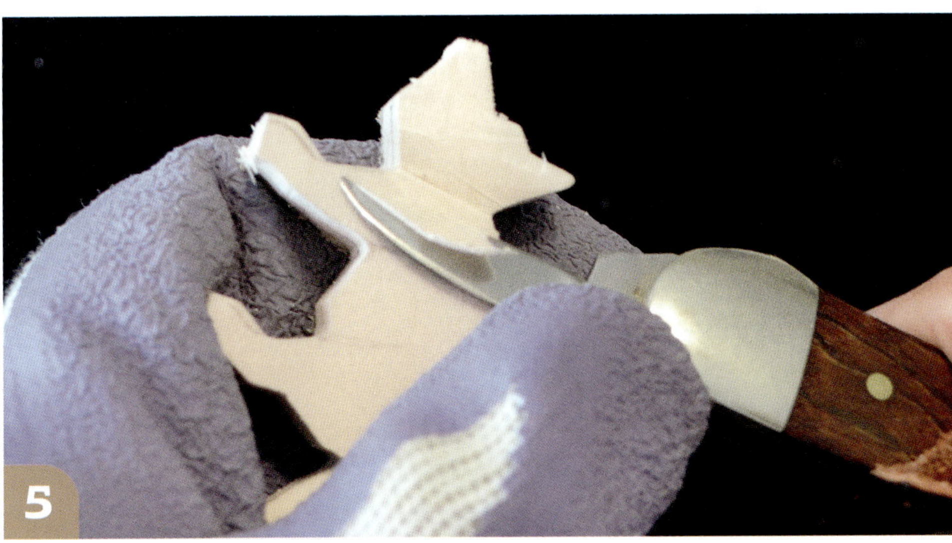

Den Hals verschmälern. Verschmälern Sie die Halspartie vom Kopf hinunter zum Körper entweder mit Schiebeschnitten, bei denen Sie den Daumen zu Hilfe nehmen, oder Schälschnitten, sodass an der Stelle des Einschnitts eine v-förmige Vertiefung entsteht. Nehmen Sie diesen Arbeitsschritt auf beiden Seiten des Rohlings vor.

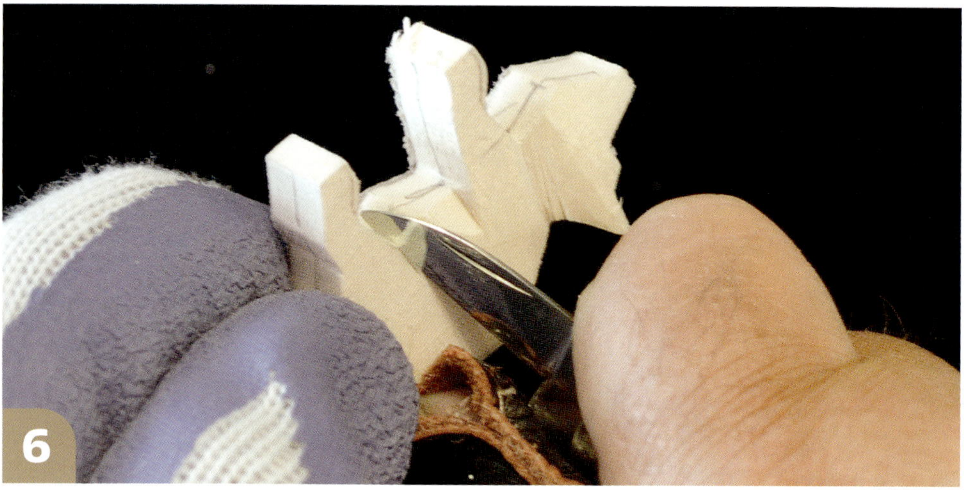

Details für die Flanken ausarbeiten. Schnitzen Sie auf beiden Seiten des Rohlings V-Schnitte an den Linien für die Details der Flanken (hinter dem Vorderbein und vor dem Hinterbein). Verwenden Sie die Mittellinie als Bezugspunkt, damit die Späne die gleiche Größe und Form bekommen.

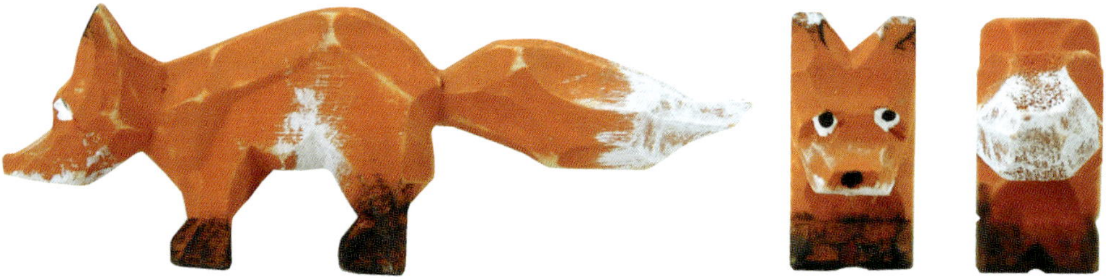

Bemalung und Fertigstellung

Sie können Ihren Fuchs auf unterschiedliche Art und Weise fertigstellen: Die Schnitte sichtbar lassen (Karikaturstil) und zum Fertigstellen anmalen oder beizen oder ihn glattschleifen (für ein einfacheres Aussehen können Sie das Werkstück auch unbearbeitet lassen). Ich habe mich dazu entschieden, meine Version mit verdünnten Acrylfarben zu bemalen und diese nach dem Trocknen leicht anzuschleifen, um die Kanten hervorzuheben.

Fuchs auf der Jagd

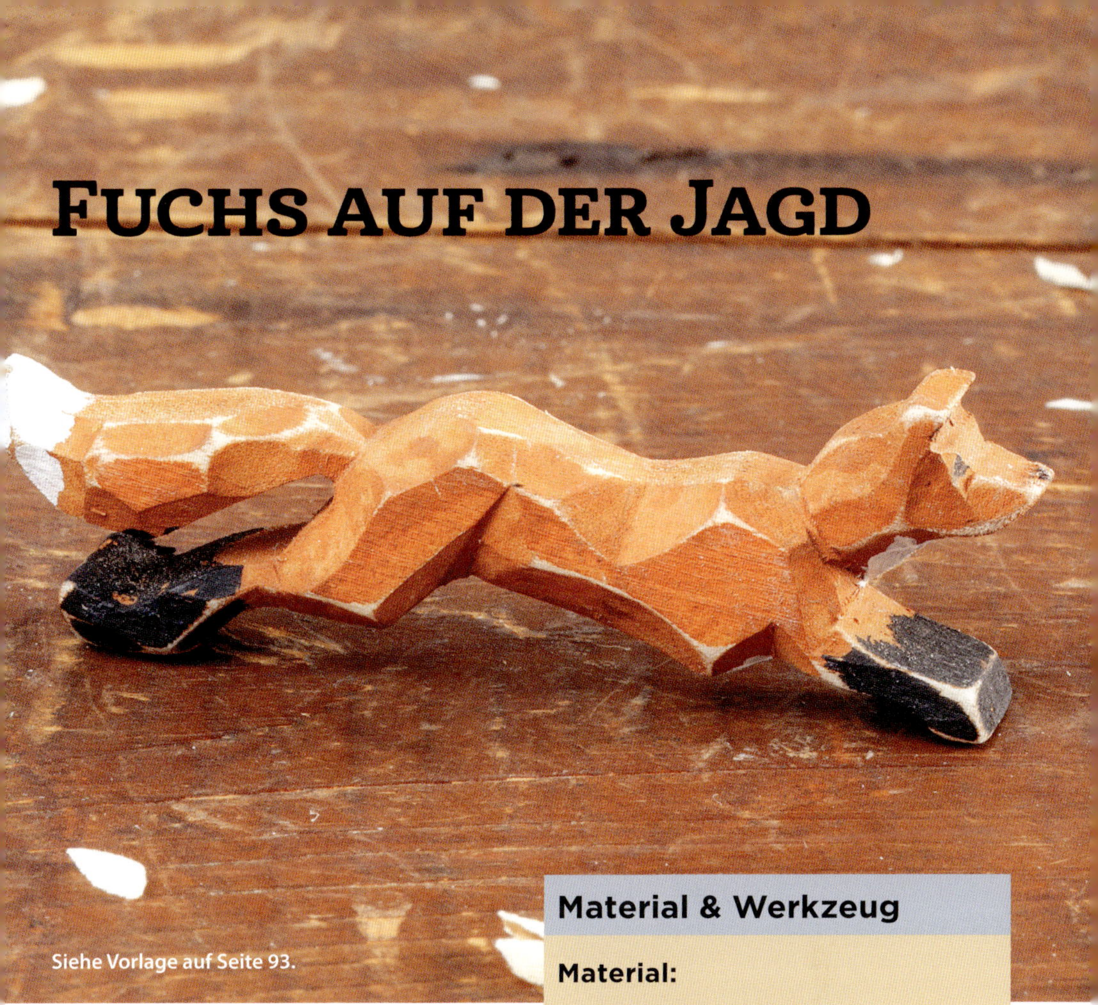

Siehe Vorlage auf Seite 93.

Wir alle haben diesen einen Freund, der nie stillsitzen kann und immer in Bewegung ist – warum schnitzen Sie dieser Person nicht einen flinken selbstbewussten Fuchs, der den Schreibtisch im Büro oder das Home Office verschönern kann? Während ich die meisten der Tiere in diesem Buch stehend oder sitzend entworfen habe, ist dieses Projekt eine ganz andere Geschichte. Vom spitzen Winkel seiner Beine bis zum Wehen seines Schwanzes strahlt dieser Fuchs Bewegung aus, obwohl er unbeweglich ist. Während Sie diesen Fuchs ausarbeiten, denken Sie, egal woran Sie gerade arbeiten, an Bewegung; vielleicht springt er Ihnen ja direkt von der Werkbank!

Material & Werkzeug

Material:

- Lindenholz, 1,3 cm dick: 2,5 cm x 7,6 cm
- Stift
- Sprühkleber mit vorübergehender Haftwirkung (optional)
- Schleifpapier mit verschiedenen Körnungen
- Zahnstocher
- Acrylfarben: Orange, Schwarz, Titanweiß

Werkzeug:

- Bogen-, Band- oder Dekupiersäge
- Schnitzmesser
- Verschiedene dünnere Farbpinsel

Erste Schritte

Übertragen Sie die Vorlage auf das Holz und nehmen Sie dabei einen temporären Sprühkleber zu Hilfe oder greifen Sie auf Ihre bevorzugte Methode zurück. Schneiden Sie das Werkstück dann mit einer Band-, Dekupier- oder Bogensäge entlang der Umrisse zu. Zeichnen Sie auf beiden Seiten Detaillinien für Hals, Beine und Schwanz sowie eine Mittellinie entlang der Rohlingskanten ein.

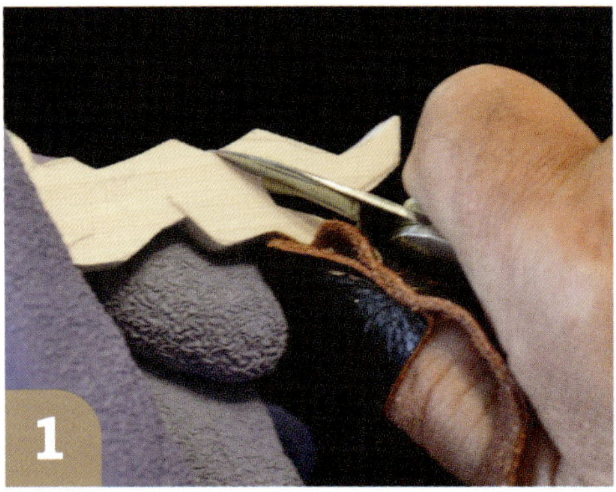

Den Schwanz schnitzen. Schnitzen Sie auf beiden Seiten des Rohlings Einschnitte zwischen dem Rumpf und dem Schwanz des Fuchses. Dafür legen Sie zunächst die Klinge auf die Kante des Rohlings und wiegen sie dann über der Bleistiftlinie nach oben und unten. Dies hilft Ihnen beim Schnitzen des Schwanzes.

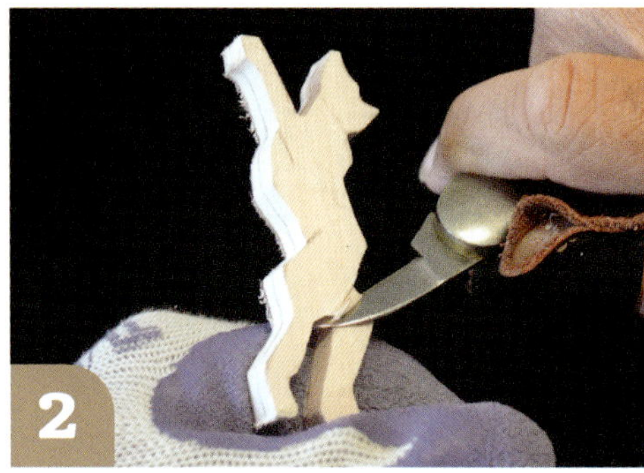

Formgebung des Schwanzes. Schnitzen Sie eine Reihe flacher, aber deutlicher Schnitte von der Mitte des Schwanzes hinunter zu dem Einschnitt, den Sie eben gemacht haben. Verwenden Sie Ihren Daumen als Drehpunkt, um die Kontrolle zu behalten. Dann verschmälern Sie den Schwanz von der Mitte ausgehend bis zur Spitze, der Sie eine wehende Form verleihen, um Bewegung anzudeuten.

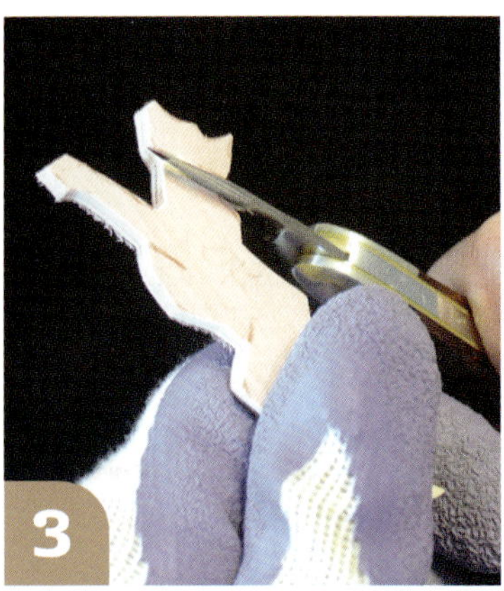

Den Kopf schnitzen. Schnitzen Sie auf beiden Seiten des Rohlings Einschnitte zwischen dem Kopf und dem Hals des Fuchses. Machen Sie auch hier die Wiegebewegung aus Schritt 1.

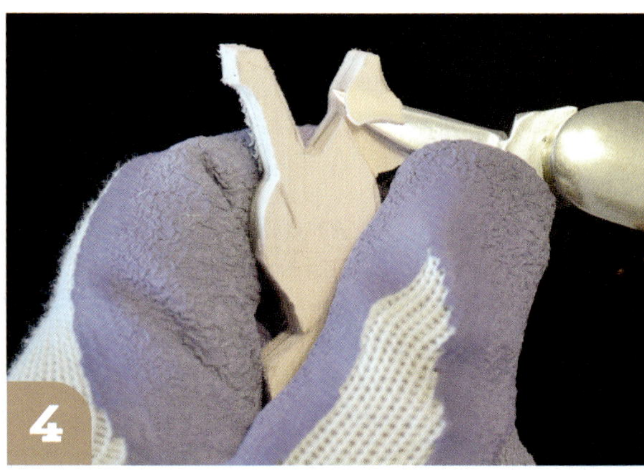

Den Kopf verschmälern. Nutzen Sie Schiebe- oder Schälschnitte, um dünne Holzscheibchen von der Nase zurück zu dem Einschnitt zwischen Kopf und Hals zu entfernen. Wenn Sie möchten, können Sie Ihren Daumen wieder als Drehpunkt verwenden. Entfernen Sie die Späne so lange, bis der Kopf ein wenig dünner als der Körper ist und sich zur Nase hin verjüngt.

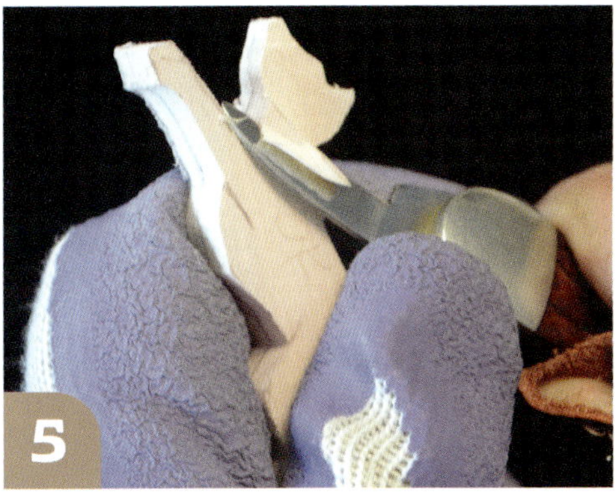

Den Hals verschmälern.

Den Hals verschmälern. Schnitzen Sie die Halspartie auf beiden Seiten des Rohlings kopfabwärts bis zum Körper entweder mit Schäl- oder Schiebeschnitten (mit Hilfe des Daumens) dünner, sodass eine v-förmige Vertiefung an der Spitze des Einschnitts entsteht. Diesen Arbeitsschritt auf beiden Seiten des Werkstücks vornehmen.

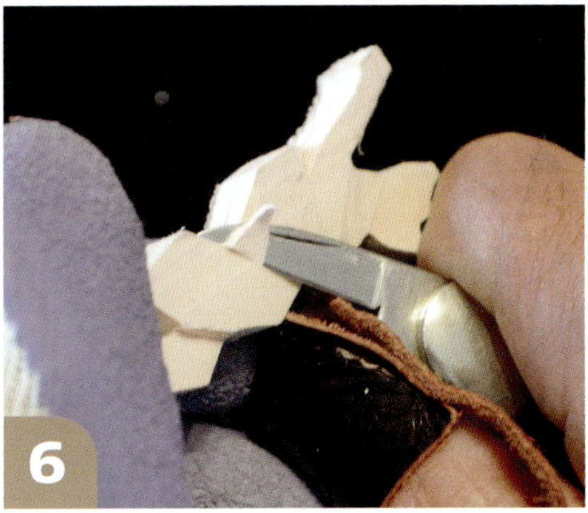

Details für die Flanken ausarbeiten. Schnitzen Sie auf beiden Seiten des Rohlings V-Schnitte an den Linien für die Details der Flanken (hinter dem Vorderbein und vor dem Hinterbein). Verwenden Sie die Mittellinie als Bezugspunkt, damit die Späne die gleiche Größe und Form bekommen.

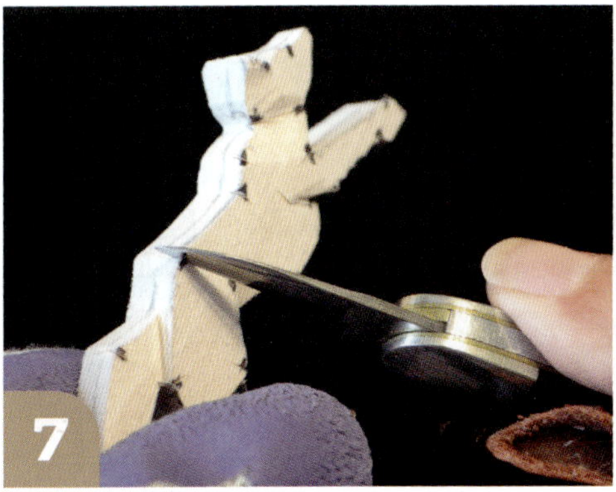

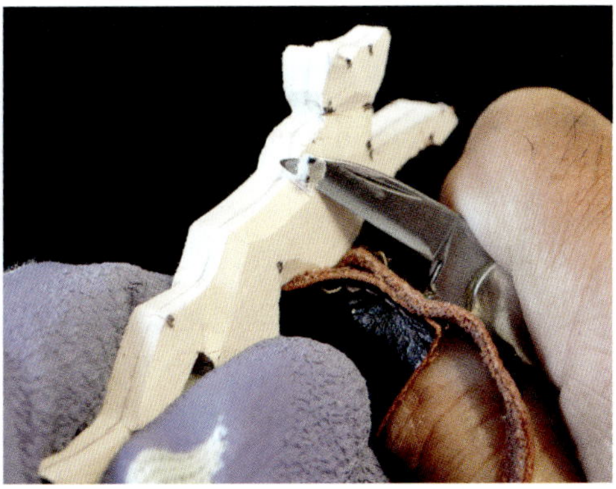

Die Details an den Flächen ausarbeiten. Markieren Sie die Punkte, an denen sich die geraden Kanten berühren (also, überall dort, wo eine gerade Linie entlang des Umrisses die Richtung ändert) mit einem Stift. Machen Sie an jeder dieser Stellen einen flachen Stoppschnitt. Dann entfernen Sie zwischen jedem Schnitt ein dünnes Scheibchen Holz. Setzen Sie diese Schnitte mit einer Kombination aus Schiebe- und Schälschnitten um den gesamten Körper fort. Die sich daraus ergebenden Flächen sollten bei gleichmäßiger Breite sauber geschnitzt sein (etwa ein Drittel der Rohling-Dicke). Wenn Sie dabei vorsichtig vorgehen, verläuft rund um den gesamten Fuchs eine durchgehende Linie.

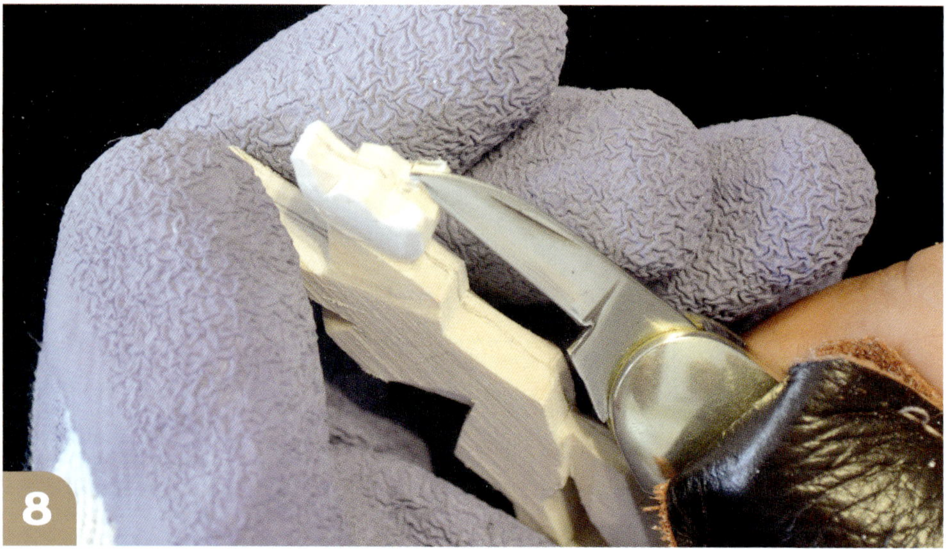

Die Ohren voneinander trennen. Schnitzen Sie zwei schräge Schnitte zwischen den Ohren und entfernen Sie den Holzspan; achten Sie dabei darauf, die Ohren nicht abzubrechen. Stellen Sie die Details der glatten Flächen auf der anderen Seite des Rohlings fertig und entscheiden Sie, wo die Augen sein sollen. Arbeiten Sie die Augen mit dem Messer aus. Überprüfen Sie dann die gesamte Schnitzarbeit und versäubern Sie die Schnitte, wo es nötig ist.

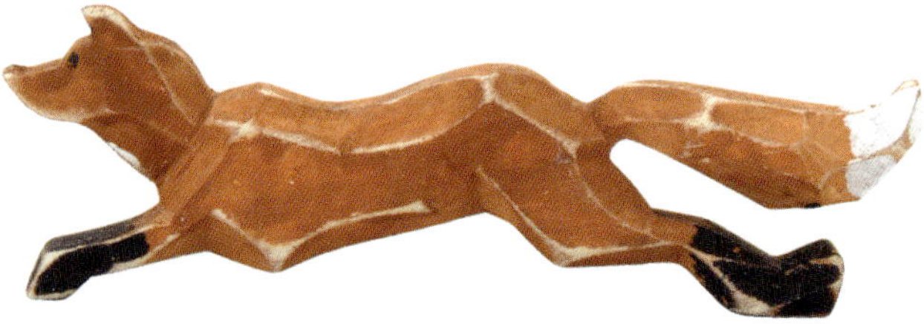

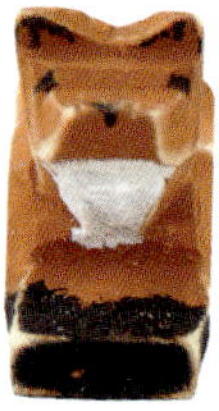

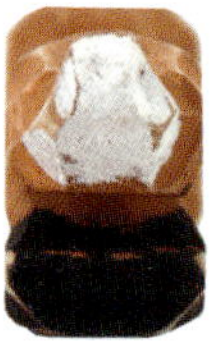

Bemalung und Fertigstellung

Sie können Ihren Fuchs auf unterschiedliche Art und Weise fertigstellen: Die Schnitte sichtbar lassen (Karikaturstil) und zum Fertigstellen anmalen oder beizen oder ihn glattschleifen (für ein einfacheres Aussehen können Sie das Werkstück auch unbearbeitet lassen). Ich habe mich dazu entschieden, meine Version mit verdünnten Acrylfarben zu bemalen und diese nach dem Trocknen leicht anzuschleifen, um die Kanten hervorzuheben.

Bauernhoftiere und Haustiere

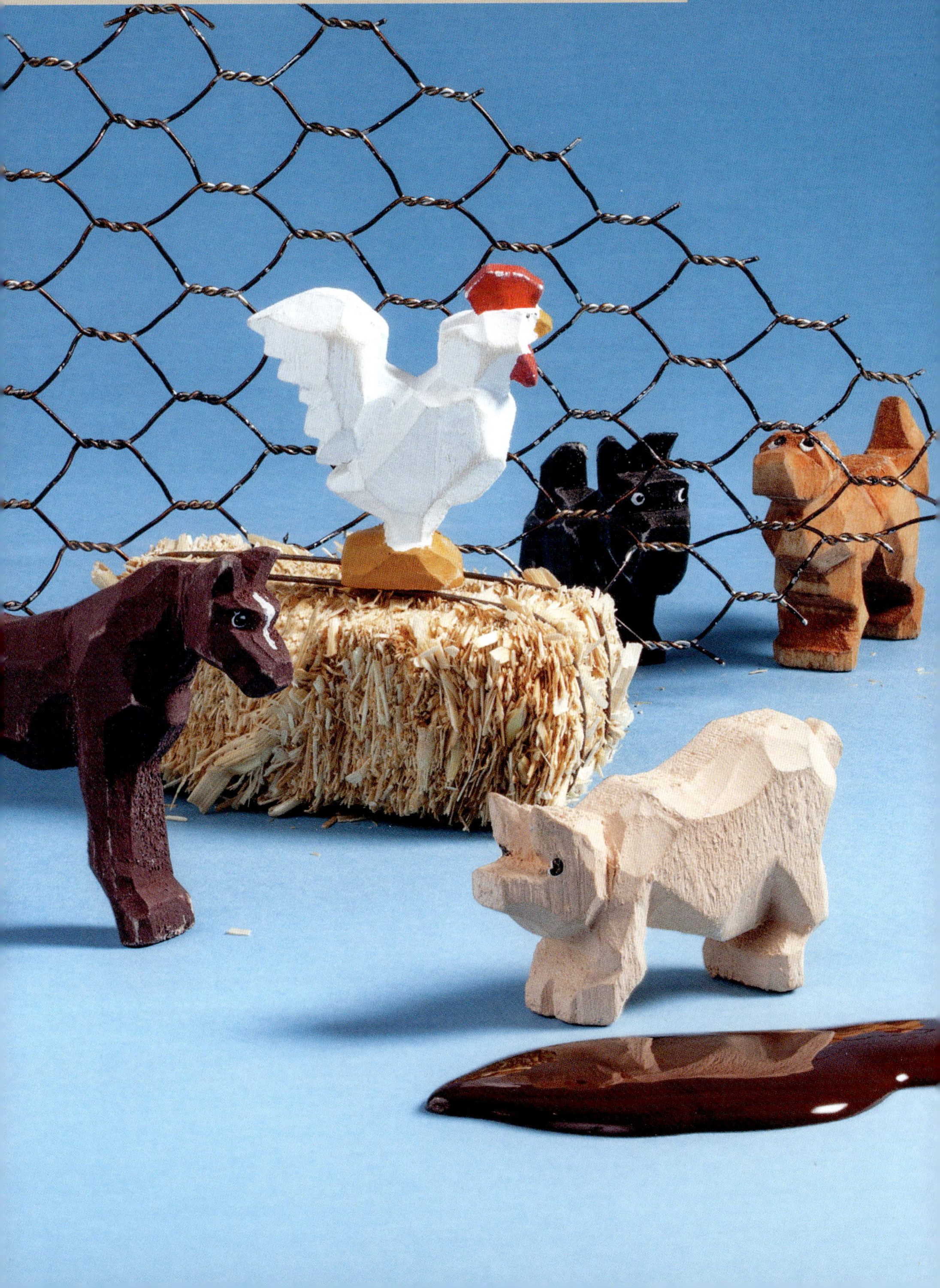

Golden Retriever

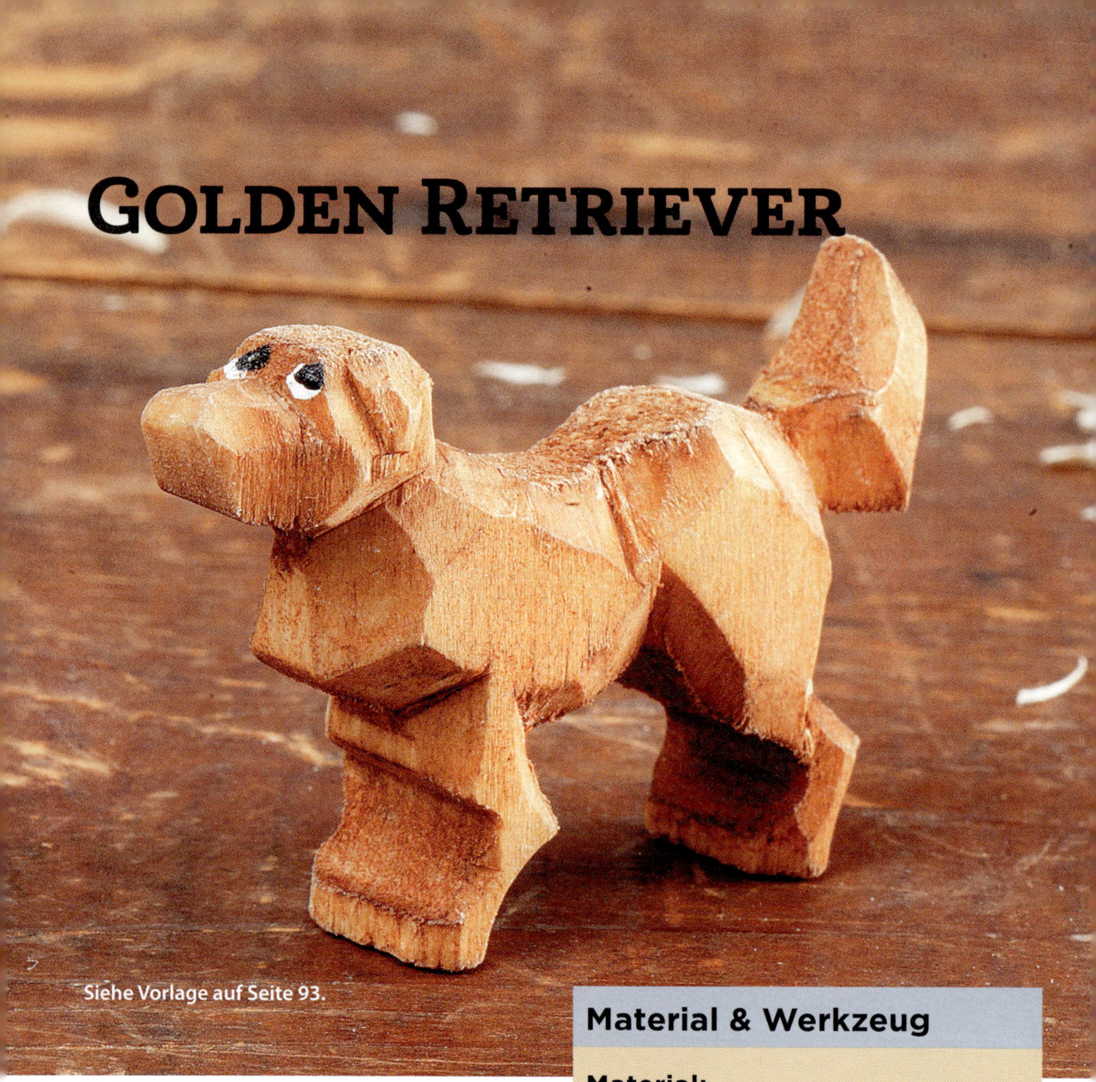

Siehe Vorlage auf Seite 93.

Egal, ob er als Blindenhund oder Jagdhund arbeitet oder bei Ihrer Familie auf der Couch liegt – der Golden Retriever ist und bleibt eine der beliebtesten Hunderassen. Abgesehen von seiner Loyalität und Gelehrigkeit ist er für sein dichtes, glänzendes Fell bekannt. Sie können dieses Aussehen bei Ihrer Schnitzarbeit mit Hilfe einiger weniger, gut platzierter Schnitte erreichen. Stellen Sie dieses Werkstück fertig, indem Sie ihm ein Paar süße Welpenaugen aufmalen!

Material & Werkzeug

Material:

- Lindenholz, 1,4 cm dick: 1,3 cm x 6 cm
- Schleifpapier mit verschiedenen Körnungen
- Acrylfarben: Milchkaffeebraun, Schwarz, Titanweiß

Werkzeug:

- Bogen-, Band- oder Dekupiersäge
- Kleines Schnitzmesser
- Kleiner Pinsel

Erste Schritte

Übertragen Sie die Vorlage auf das Holz und schneiden Sie es dann mit einer Band-, Dekupier- oder Bogensäge entlang der Umrisse zu. Zeichnen Sie auf beiden Seiten die Detaillinien und die Mittellinie entlang der Rohlingskanten ein. *Anmerkung: Der Schwanz kann dort, wo er auf den Körper trifft, leicht brechen. Seien Sie vorsichtig, wenn Sie den Hund beim Schnitzen festhalten. Sollte der Schwanz abbrechen, kleben Sie ihn wieder an. Sie können auch ein 3 mm tiefes Loch in den Schwanz und den Körper bohren. Tragen Sie Klebstoff auf ein 3 mm großes Stäbchen oder einen Dübel auf und stecken es dann in beide Löcher, um diese Körperpartie zu verstärken.*

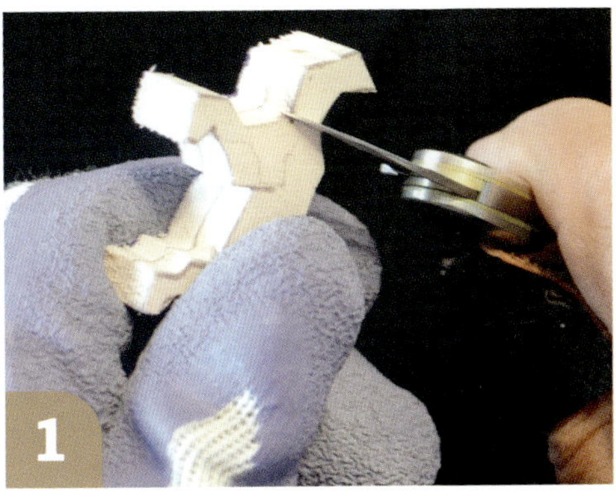

Den Schwanz schnitzen. Schnitzen Sie auf beiden Seiten des Rohlings Einschnitte zwischen dem Schwanz und dem Rumpf des Retrievers. Wiegen Sie die Klinge dafür auf und ab. Entfernen Sie dann dünne Holzscheibchen von der Außenkante des Schwanzes hin zu den Stoppschnitten auf jeder Seite des Schwanzes. Verwenden Sie den Daumen als Drehpunkt, um die Schnitte durchzuführen.

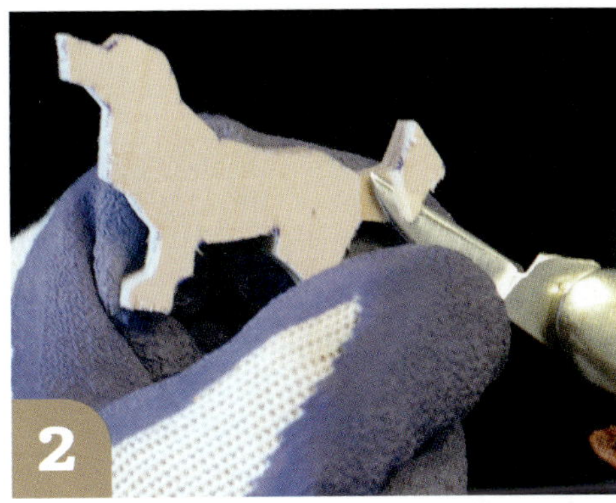

Den Schwanz formen. Der Schwanz sollte an der Schwanzwurzel und der Spitze dünner sein. Um dieses Aussehen zu erhalten, entfernen Sie einen kleinen Holzspan an der Schwanzwurzel und schnitzen eine Spitze am Ende des Schwanzes.

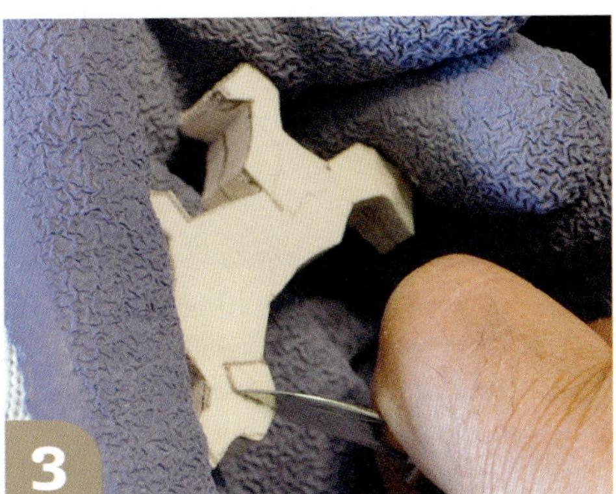

Die Ohren ausarbeiten. Schnitzen Sie auf beiden Seiten des Rohlings Einschnitte rund um den Umriss der Ohren.

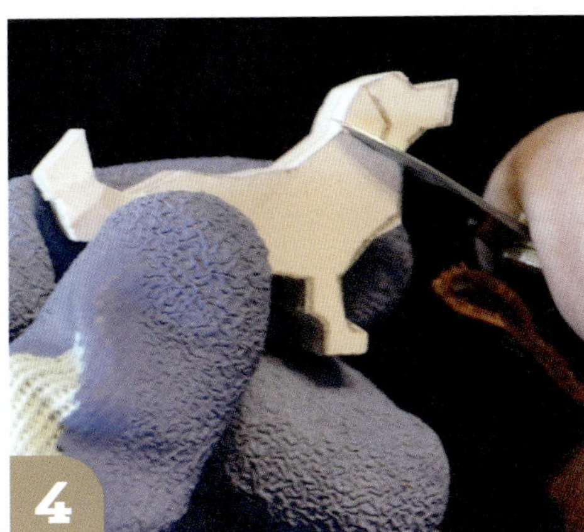

Den Kopf aus dem Körper herausschnitzen. Machen Sie Stoppschnitte zwischen Kopf und Hals auf beiden Seiten des Rohlings. Arbeiten Sie um die Ohren herum.

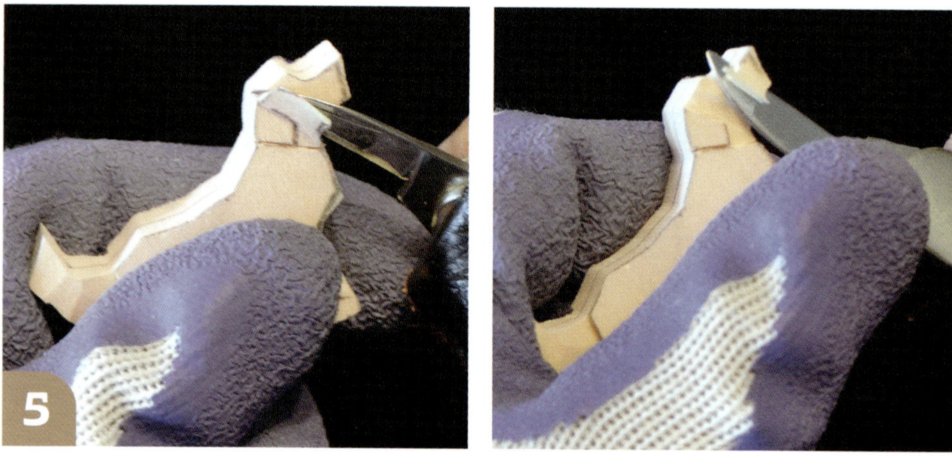

Den Kopf formen. Entfernen Sie dünne Holzscheibchen von der Nase zurück zu dem Einschnitt, der das Ohr begrenzt, und dem Einschnitt zwischen Kopf und Hals. Ziel ist es, die Partie rund um die Ohren freizulegen, damit sie wegstehen. Den Kopf zur Nase hin leicht verjüngen. Der Kopf sollte ein wenig dünner sein als der Körper.

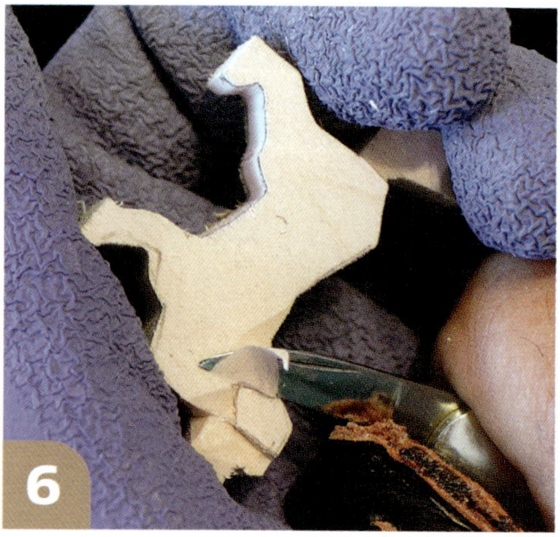

Den Hals formen. Entfernen Sie das Holz auf beiden Seiten des Rohlings mit Schälschnitten oder Schiebeschnitten, bei denen Sie den Daumen zu Hilfe nehmen, hinauf zum Einschnitt zwischen Kopf und Hals.

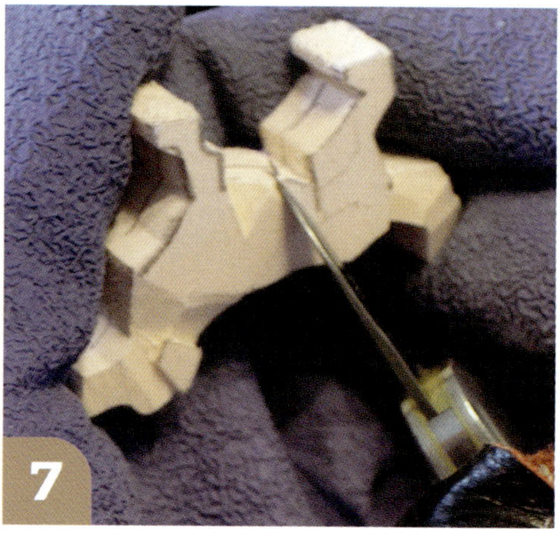

Details für die Flanken ausarbeiten. Schnitzen Sie Einschnitte hinter den Vorderbeinen und vor den Hinterbeinen, wie in der Anleitung gezeigt. Entfernen Sie die Holzspäne vom Bauch hin zu den Einschnitten an der Rückseite der Vorderbeine und der Vorderseite der Hinterbeine. Verwenden Sie die Mittellinie als Bezugspunkt, damit die Späne die gleiche Größe und Form bekommen.

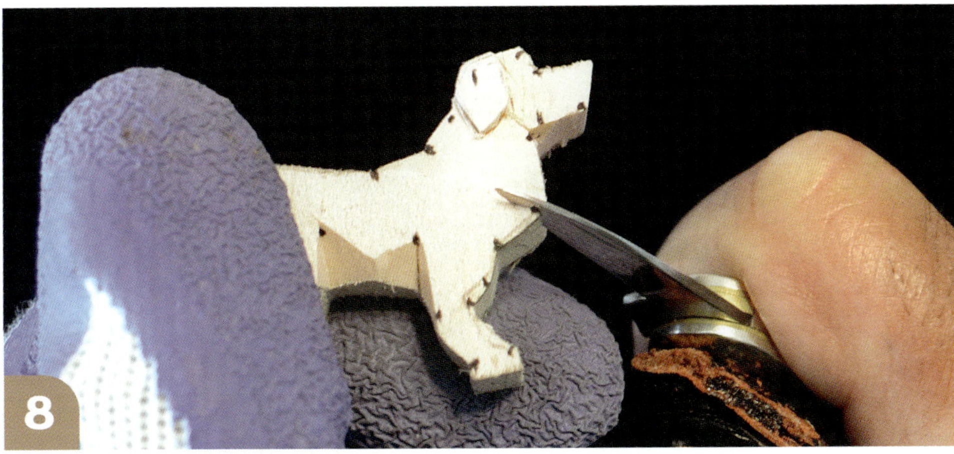

Die Details an den Flächen ausarbeiten. Markieren Sie die Stellen, an denen die geraden Kanten des Rohlings aufeinanderstoßen, mit einem Bleistift. Schnitzen Sie an jeder dieser Stellen einen flachen Stoppschnitt. Diesen Schritt auf beiden Seiten des Rohlings durchführen. Zwischen jedem der flachen Einschnitte entfernen Sie ein dünnes Holzscheibchen von der Kante des Rohlings, sodass gerade Flächen entstehen. Kombinieren Sie daumenunterstützte Schiebe- und Schälschnitte. Achten Sie darauf, dass die Schnitte glatt und in gleichmäßiger Breite erfolgen (etwa ein Drittel der Rohlingsstärke). Wenn Sie dabei vorsichtig vorgehen, verläuft rund um den gesamten Hund eine durchgehende Linie. Vergessen Sie den Schwanz nicht und versäubern Sie Ihre Schnitte.

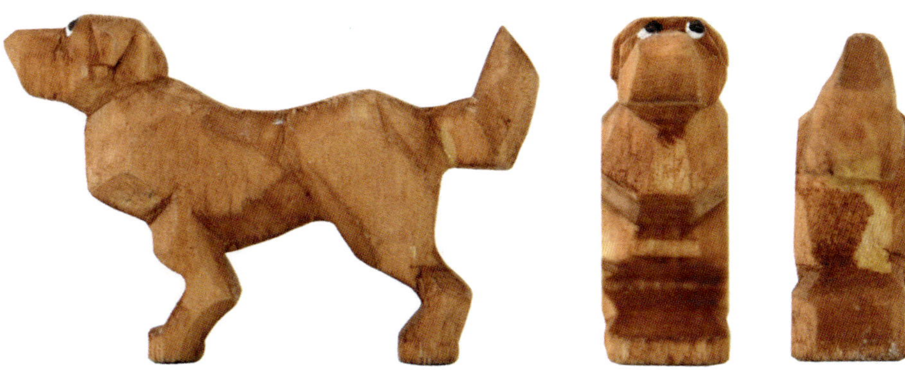

Bemalung und Fertigstellung

Sie können Ihren Hund auf unterschiedliche Art und Weise fertigstellen: Lassen Sie die Schnitte sichtbar für einen Karikaturstil, beizen oder lackieren Sie Ihr Werkstück oder schleifen Sie es glatt. Sie können diese Techniken kombinieren oder den Golden Retriever so lassen, wie er ist. Schlagen Sie im Anhang im Abschnitt „Fertigstellung" für weitere Informationen nach. Ich habe mich dazu entschlossen, das Tier mit verdünnter hellbrauner Farbe zu bemalen und es nach dem Trocknen leicht anzuschleifen, um die Konturen zu betonen.

Scottish Terrier

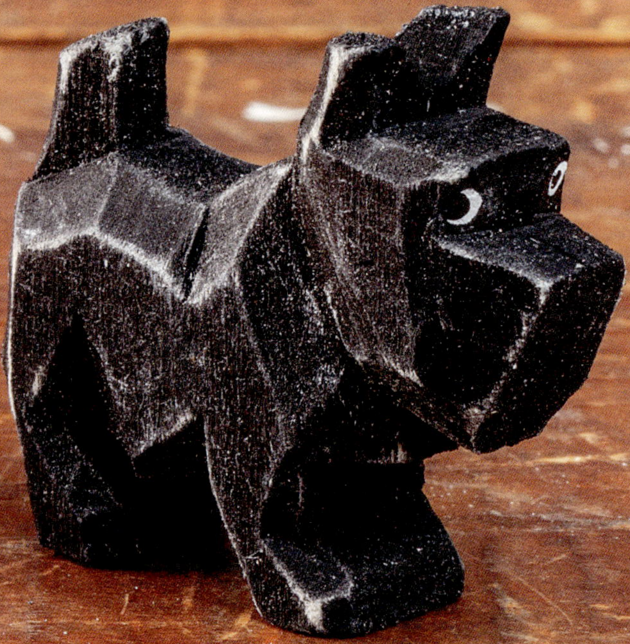

Siehe Vorlage auf Seite 93.

Einsteiger wie Profis werden durchdrehen bei diesem besonders süßen Scottie. Wenn ich Kindern das Schnitzen beibringe, beginne ich oft mit diesem Projekt – es ist einfach, leicht erkennbar und lässt sich an alle Farben anpassen, die Sie sich wünschen (ich habe mal einen so angemalt, dass er aussah wie Minz-Eiscreme mit Schokostückchen). Mit ein bisschen Übung können Sie so einen Hund in nur zehn Minuten schnitzen!

Material & Werkzeug

Material:

- Lindenholz, 1,3 cm dick: 3,8 cm x 4,1 cm
- Stift
- Sprühkleber mit vorübergehender Haftwirkung (optional)
- Schleifpapier mit verschiedenen Körnungen
- Zahnstocher
- Acrylfarben: Schwarz, Titanweiß

Werkzeug:

- Bogen-, Band- oder Dekupiersäge
- Schnitzmesser
- Verschiedene dünnere Farbpinsel

Erste Schritte

Übertragen Sie die Vorlage auf das Holz und nehmen Sie dabei einen temporären Sprühkleber zu Hilfe oder greifen Sie auf Ihre bevorzugte Methode zurück. Schneiden Sie das Werkstück dann mit einer Band-, Dekupier- oder Bogensäge entlang der Umrisse zu. Zeichnen Sie auf beiden Seiten Detaillinien für Hals, Beine und Schwanz sowie eine Mittellinie entlang der Rohlingskanten ein.

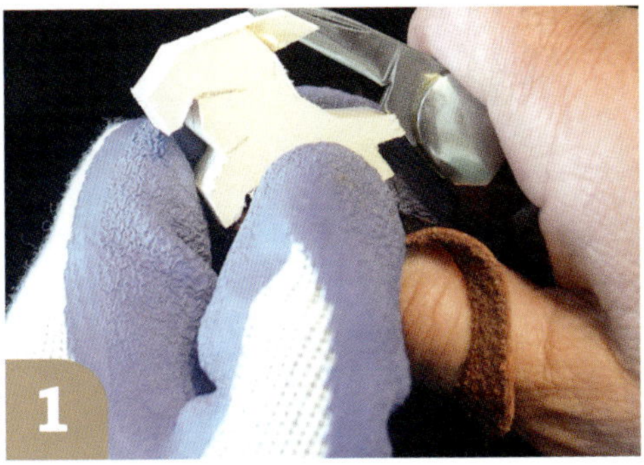

Den Schwanz schnitzen. Schnitzen Sie auf beiden Seiten des Rohlings Einschnitte zwischen dem Rumpf und dem Schwanz des Hundes. Dafür legen Sie zunächst die Klinge auf die Kante des Rohlings und wiegen sie dann über der Bleistiftlinie nach oben und unten. Beginnen Sie nun, den Schwanz zu formen: Schnitzen Sie eine Reihe flacher, aber deutlicher Schnitte vom Schwanzende hinauf zu dem Einschnitt, den Sie gerade zuvor gemacht haben. Verwenden Sie Ihren Daumen als Drehpunkt, um die Kontrolle zu behalten. Verschmälern Sie dann den Schwanz nach unten hin, bis Sie etwa ein Drittel der Breite auf jeder Seite entfernt haben.

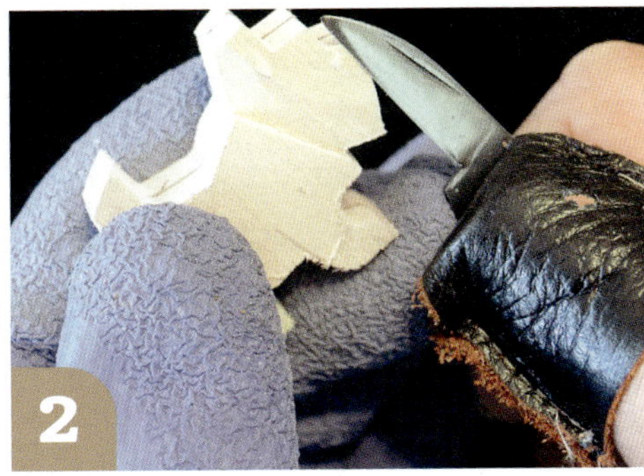

Den Kopf schnitzen. Schnitzen Sie auf beiden Seiten des Rohlings Einschnitte zwischen dem Kopf und dem Hals des Hundes. Machen Sie auch hier die Wiegebewegung aus Schritt 1. Verschmälern Sie dann den Kopfbereich und nutzen Sie Schiebe- oder Schälschnitte, um dünne Holzscheibchen entlang des Gesichts bis zurück zum Einschnitt am Hals zu schnitzen. Wenn Sie möchten, können Sie Ihren Daumen wieder als Drehpunkt verwenden. Entfernen Sie weiterhin dünne Holzscheibchen, bis der Kopf ein wenig dünner ist als der Körper und sich zur Schnauze hin verjüngt.

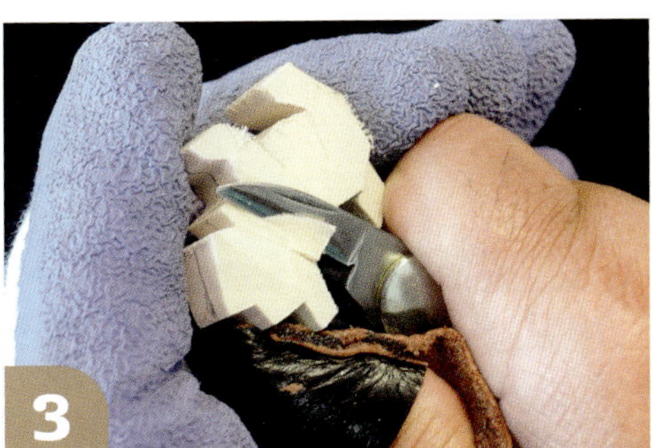

Den Hals verschmälern. Schnitzen Sie mit Schäl- oder Schiebeschnitten (mit Daumenhilfe) eine v-förmige Vertiefung, die auf den Einschnitt zwischen Hals und Kopf trifft. Diesen Arbeitsschritt auf beiden Seiten des Rohlings vornehmen.

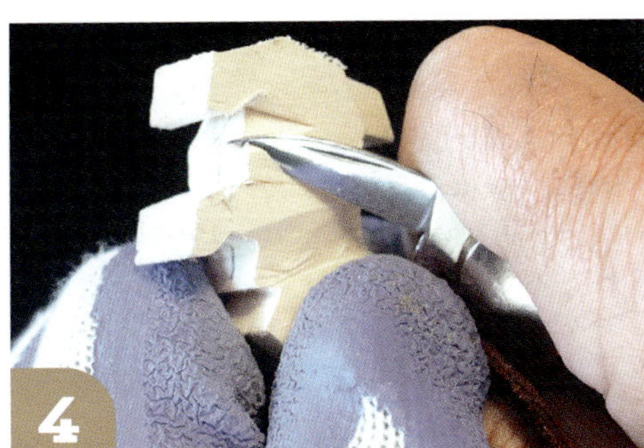

Details für die Flanken ausarbeiten. Schnitzen Sie auf beiden Seiten des Rohlings V-Schnitte an den Linien für die Details der Flanken (hinter dem Vorderbein und vor dem Hinterbein). Verwenden Sie die Mittellinie als Bezugspunkt, damit die Späne die gleiche Größe und Form bekommen.

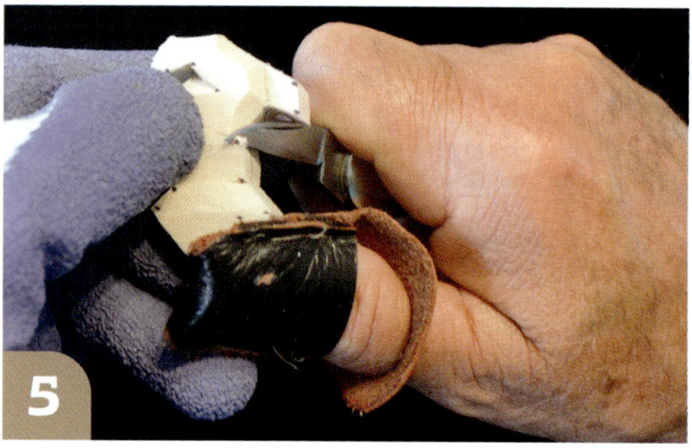

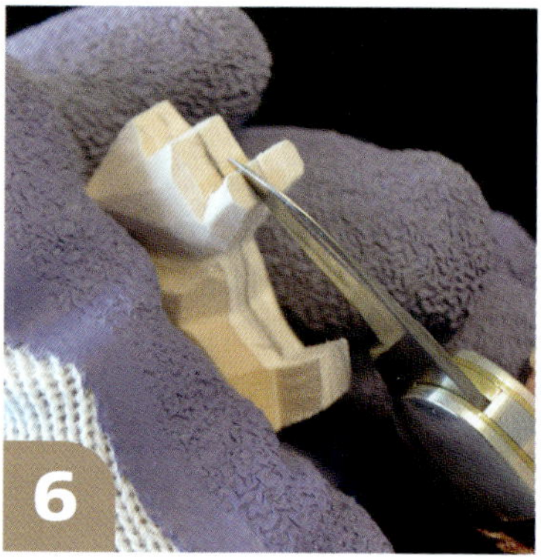

Die Details an den Flächen ausarbeiten. Markieren Sie mit einem Stift die Punkte, an denen die geraden Kanten einander schneiden, also wo immer eine gerade Linie entlang des Umrisses ihre Richtung ändert. Machen Sie an jeder dieser Stellen einen flachen Stoppschnitt. Dann entfernen Sie zwischen jedem Schnitt ein dünnes Scheibchen Holz. Fahren Sie so rund um den gesamten Körper fort und kombinieren Sie daumenunterstützte Schiebeschnitte und Schälschnitte. Die sich daraus ergebenden Flächen sollten bei gleichmäßiger Breite sauber geschnitzt sein (etwa ein Drittel der Rohling-Dicke). Wenn Sie dabei vorsichtig vorgehen, verläuft rund um das gesamte Tier eine durchgehende Linie. Nehmen Sie diesen Arbeitsschritt auf beiden Seiten des Rohlings vor.

Die Ohren voneinander trennen. Schnitzen Sie zwei schräge Schnitte zwischen den Ohren und entfernen Sie den Holzspan; achten Sie dabei darauf, die Ohren nicht abzubrechen. Entscheiden Sie, wo die Augen sein sollen, und arbeiten Sie sie mit dem Messer aus. Überprüfen Sie dann die gesamte Schnitzarbeit und versäubern Sie Schnitte, wo es nötig ist

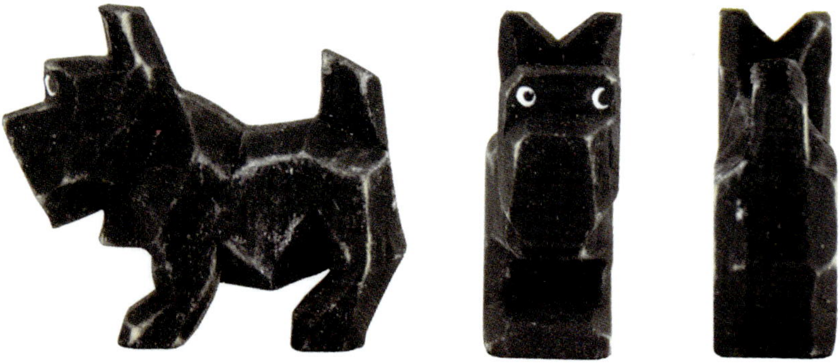

Bemalung und Fertigstellung

Sie können Ihren Scottie auf unterschiedliche Art und Weise fertigstellen: Die Schnitte sichtbar lassen (Karikaturstil) und zum Fertigstellen anmalen oder beizen oder ihn glattschleifen (für ein einfacheres Aussehen können Sie das Werkstück auch unbearbeitet lassen). Ich habe mich dazu entschieden, meine Version mit verdünnten Acrylfarben zu bemalen und diese nach dem Trocknen leicht anzuschleifen, um die Kanten hervorzuheben.

PFERD

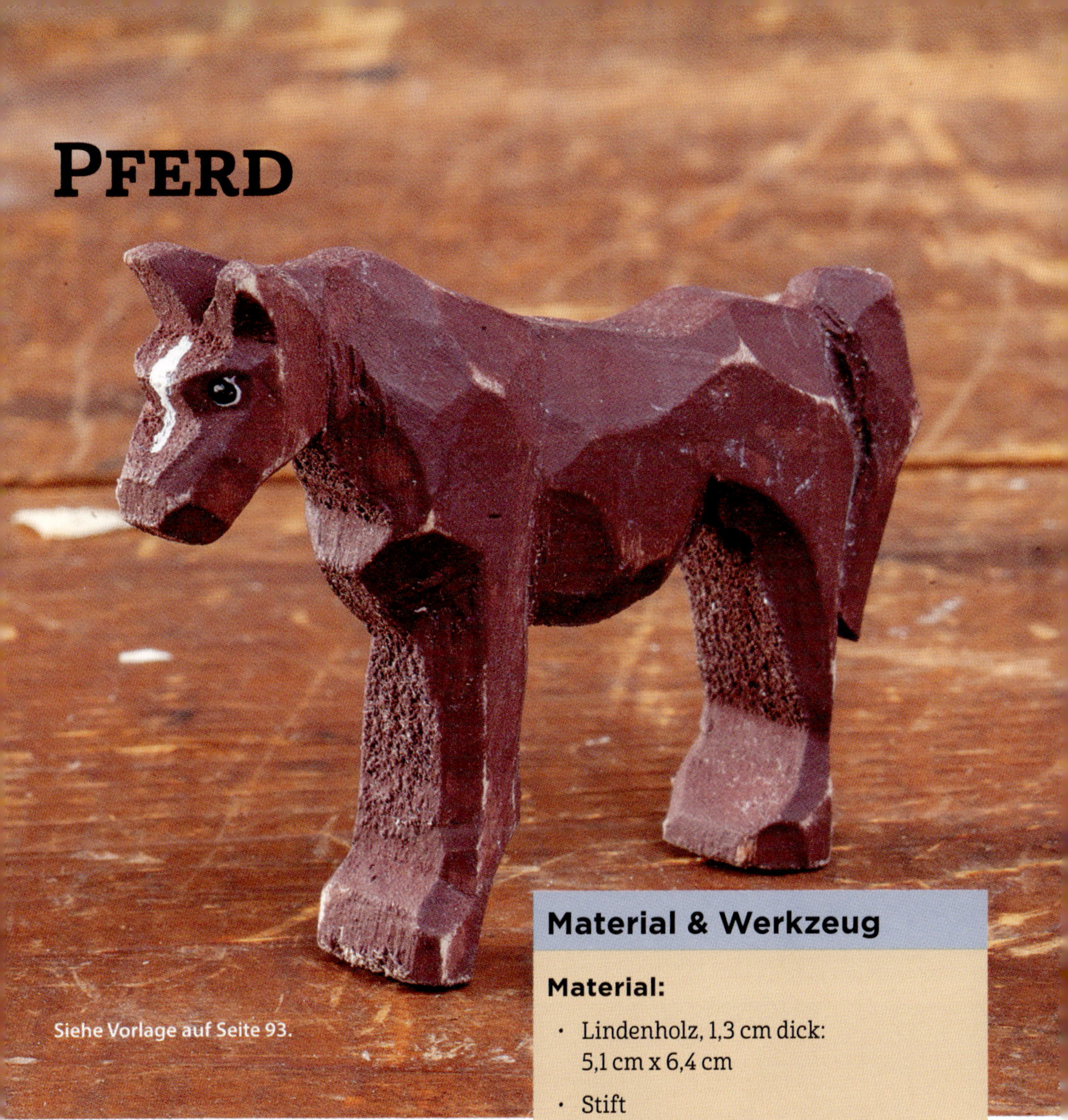

Siehe Vorlage auf Seite 93.

Wenn Sie schon eine Weile nicht mehr geschnitzt haben, ist es Zeit, mit diesem überlebenswichtigen Bauernhoftier wieder in den Sattel zu kommen! Wie auch beim Hirsch achten Sie bei dieser Schnitzarbeit auf die Proportionen der Beine; machen Sie sie kürzer, wird aus Ihrem Pferd schnell ein Esel. Ich habe braune Farbe verwendet, aber Sie können die Farbgebung ganz individuell aussuchen (für ein Pferd in einer anderen Farbe!).

Material & Werkzeug

Material:

- Lindenholz, 1,3 cm dick: 5,1 cm x 6,4 cm
- Stift
- Zahnstocher
- Sprühkleber mit vorübergehender Haftwirkung
- Schleifpapier mit verschiedenen Körnungen
- Acrylfarben: Rindenbraun, Schwarz, Titanweiß

Werkzeug:

- Bogen-, Band- oder Dekupiersäge
- Schnitzmesser
- Verschiedene dünnere Farbpinsel

Erste Schritte

Übertragen Sie die Vorlage auf das Holz und schneiden Sie es dann mit einer Band-, Dekupier- oder Bogensäge entlang der Umrisse zu. Zeichnen Sie die Linien für die Details und die Mittellinie auf den Rohling.

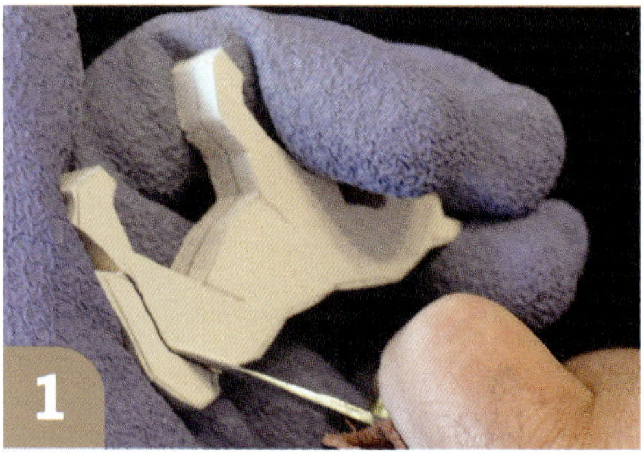

Den Schweif verschmälern. Machen Sie auf beiden Seiten des Rohlings Stoppschnitte zwischen Schweif und Rumpf des Pferdes. Entfernen Sie dünne Holzscheibchen von der Außenkante des Schweifs hin zu den Einschnitten. Schnitzen Sie im glatten Schälschnitt oder im Schälschnitt mit Unterstützung des Daumens. Wiederholen Sie diesen Vorgang, Einschnitte zu schnitzen und Holzscheibchen zu entfernen, bis Sie etwa ein Drittel der Rohlingsbreite an jeder Seite des Schweifs entfernt haben.

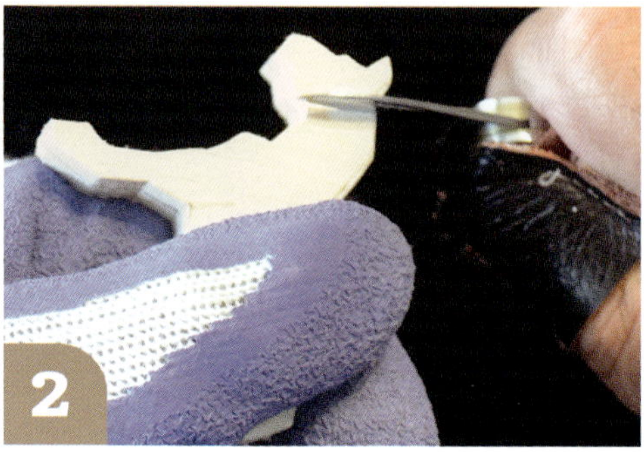

Den Kopf aus dem Hals herausschnitzen. Schnitzen Sie einen Einschnitt zwischen Kopf und Hals. Entfernen Sie dann dünne Holzscheibchen von den Seiten der Pferdenase zurück zu dem Einschnitt, der den Kopf vom Hals trennt. Verwenden Sie daumenunterstützte Schiebeschnitte und/oder Schälschnitte. Wiederholen Sie diesen Vorgang, bis der Kopf des Pferdes schmaler ist als sein Körper und sich leicht zur Nase hin verjüngt.

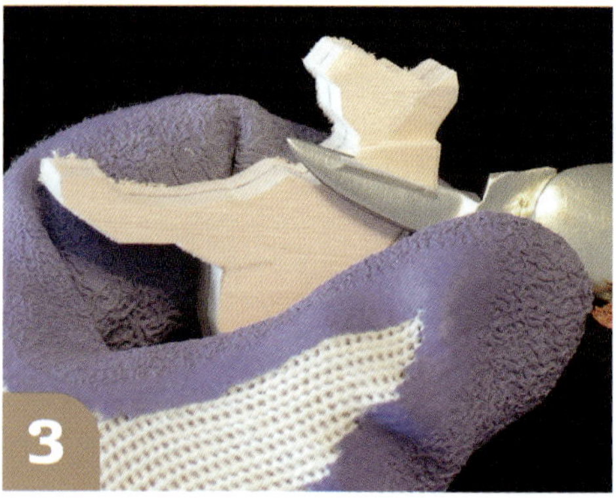

Den Hals schnitzen. Verschmälern Sie die Halspartie vom Körper zum Einschnitt zwischen Kopf und Hals hin mit Hilfe von Schälschnitten oder Schiebeschnitten, bei denen Sie den Daumen zu Hilfe nehmen. Sie können den Daumen als Drehpunkt zu Hilfe nehmen. Diesen Arbeitsschritt auf beiden Seiten des Rohlings vornehmen.

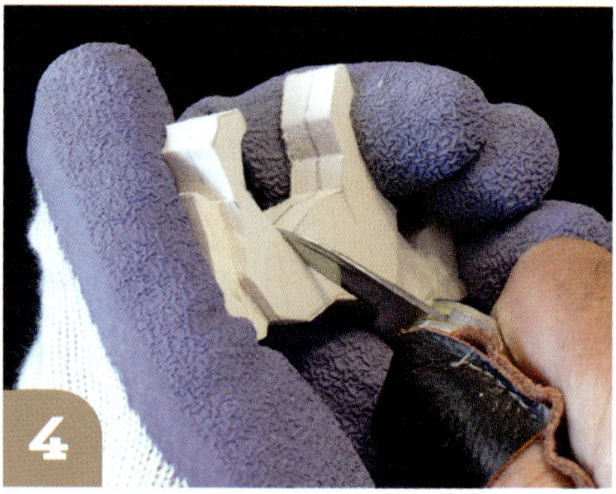

Details für die Flanken ausarbeiten. Schnitzen Sie Stoppschnitte hinter den Vorder- und vor den Hinterbeinen (s. Foto). Entfernen Sie Holzspäne vom Bauch hin zu den Einschnitten an der Rückseite der Vorderbeine und an der Vorderseite der Hinterbeine. Orientieren Sie sich an der Mittellinie, um gleichförmige Späne zu erhalten.

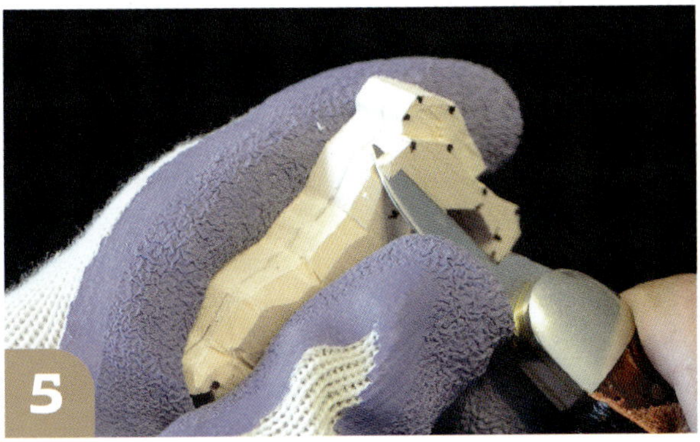

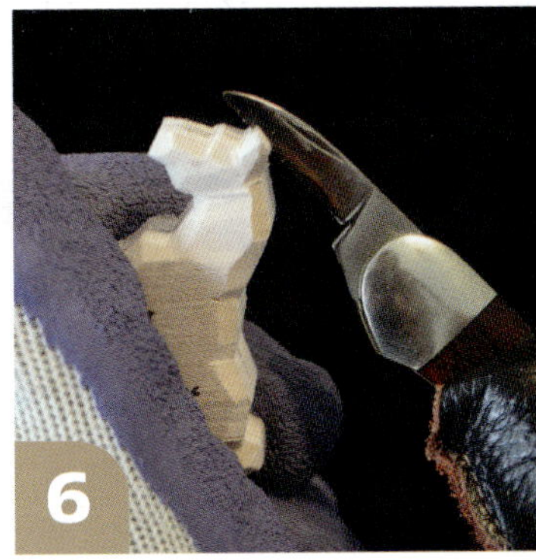

Die Details an den Flächen ausarbeiten. Markieren Sie die Stellen, an denen sich die Kanten des Rohlings schneiden, mit einem Bleistift. Machen Sie einen flachen Stoppschnitt an jeder dieser Stellen. Diesen Arbeitsschritt auf beiden Seiten vornehmen. Entfernen Sie zwischen jedem der flachen Einschnitte ein dünnes Holzscheibchen von der Kante des Rohlings, sodass gerade Flächen entstehen. Bedienen Sie sich einer Kombination aus Schiebe- und Schälschnitten. Achten Sie darauf, dass die Schnitte glatt und in gleichmäßiger Breite erfolgen (etwa ein Drittel der Rohlingsstärke). Wenn Sie dabei vorsichtig vorgehen, verläuft rund um das gesamte Pferd eine durchgehende Linie. Vergessen Sie den Pferdeschweif nicht! Versäubern Sie Ihre Schnitte.

Die Ohren voneinander trennen. Schnitzen Sie zwei schräge Stoppschnitte zwischen den Pferdeohren und entfernen Sie den Holzspan.

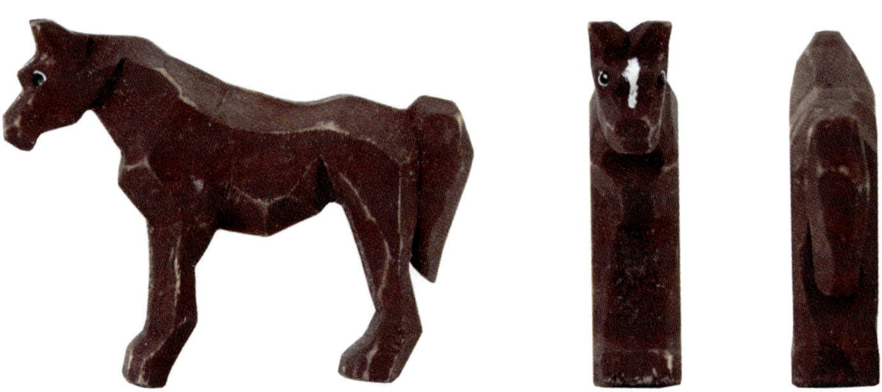

Bemalung und Fertigstellung

Sie können Ihr Pferd auf unterschiedliche Art und Weise fertigstellen: Lassen Sie die Schnitte sichtbar für einen Karikaturstil, beizen oder lackieren Sie Ihr Werkstück oder schleifen Sie es glatt. Sie können diese Techniken kombinieren oder das Pferd so lassen, wie es ist. Schlagen Sie im Anhang im Abschnitt „Fertigstellung" für weitere Informationen nach. Ich habe mich dazu entschlossen, das Tier mit brauner Farbe zu bemalen und nach dem Trocknen leicht anzuschleifen, um die Kanten hervorzuheben. Dann habe ich die weiße Blesse im Gesicht aufgemalt.

HUHN

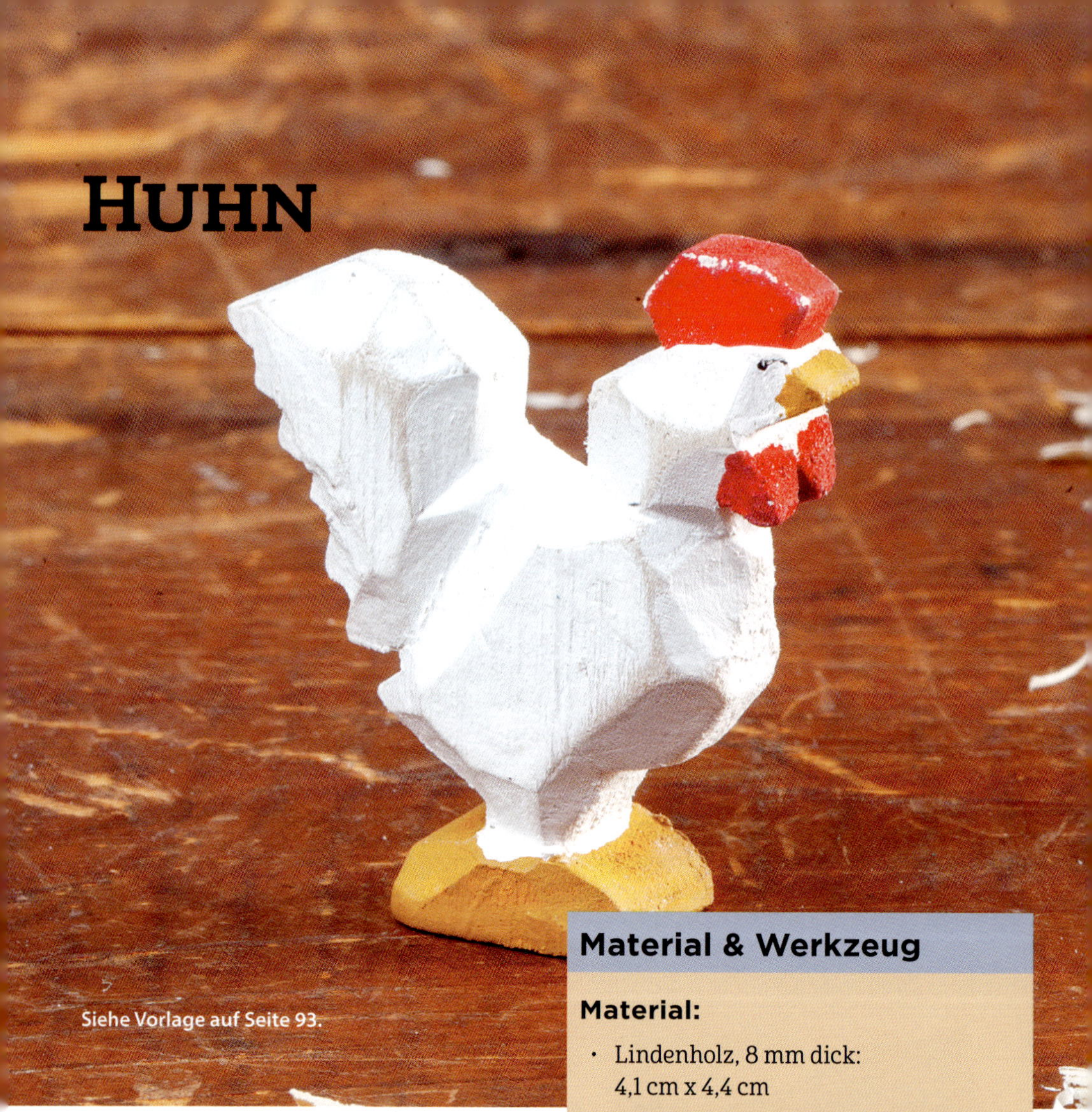

Siehe Vorlage auf Seite 93.

Material & Werkzeug

Material:

- Lindenholz, 8 mm dick: 4,1 cm x 4,4 cm
- Stift
- Zahnstocher
- Sprühkleber mit vorübergehender Haftwirkung
- Schleifpapier mit verschiedenen Körnungen
- Acrylfarben: Rot, Orange, Schwarz, Titanweiß

Werkzeug:

- Bogen-, Band- oder Dekupiersäge
- Schnitzmesser
- Verschiedene dünnere Farbpinsel

Man soll die Hühnchen nicht vor dem Schnitzen zählen! (Oder war es doch den Tag vor dem Abend loben?) Die Herausforderung an diesem Projekt ist seine Größe; achten Sie darauf, dass Ihnen der Schwanz, der Kamm oder die Kehllappen nicht abbrechen. Die Möglichkeiten, Ihren kleinen gefiederten Freund fertigzustellen, sind schier endlos! Ich habe mich dazu entschieden, das Federkleid meiner Schnitzarbeit dem typischen Aussehen des Leghorn-Huhns nachzuempfinden, aber Sie können natürlich auch Ihre Lieblingsrasse auswählen!

Erste Schritte

Übertragen Sie die Vorlage auf das Holz und verwenden Sie dabei den Sprühkleber oder arbeiten Sie mit Ihrer bevorzugten Methode. Schneiden Sie den Umriss mit einer Band-, Dekupier- oder Bogensäge zu. Zeichnen Sie die Linien für die Details auf beide Seiten und die Mittellinie rund um die Rohlingskante ein.

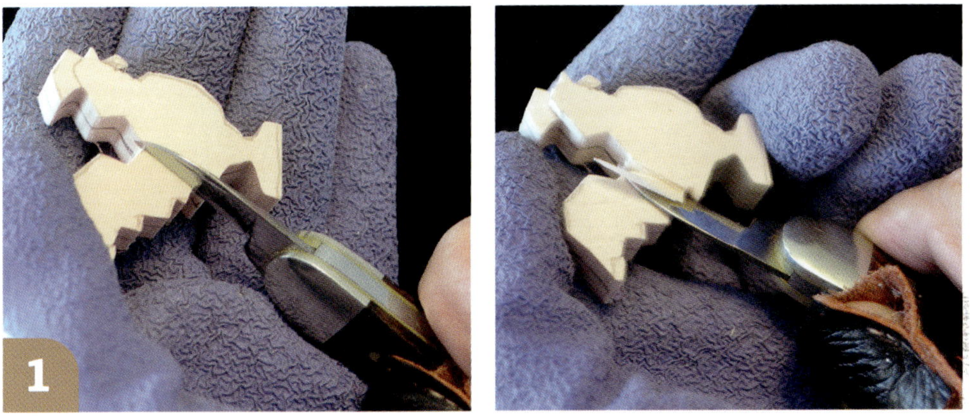

Den Schwanz verschmälern. Schnitzen Sie Stoppschnitte zwischen den Schwanzfedern und dem Rumpf auf beiden Seiten des Rohlings. Entfernen Sie dünne Holzscheibchen von der Schwanzfederpartie hin zu dem Einschnitt.

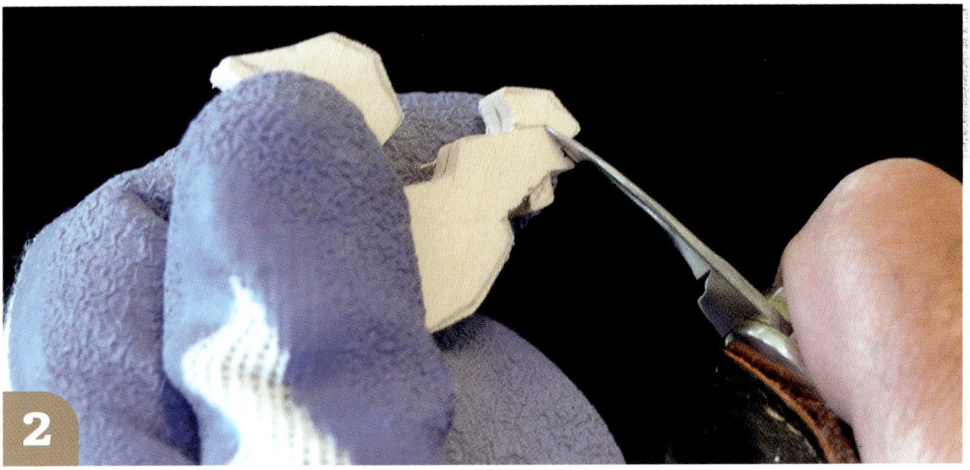

Den Kamm schnitzen. Schnitzen Sie Stoppschnitte zwischen Kamm und Kopf. Wiegen Sie das Messer entlang der Bleistiftmarkierung, die den Einschnitt markiert, auf und ab. Diesen Arbeitsschritt auf beiden Seiten des Rohlings vornehmen. Entfernen Sie dünne Holzscheibchen hinunter bis zum Einschnitt. Vielleicht möchten Sie den Daumen als Drehpunkt nutzen, um diese Schnitte auszuführen. Wiederholen Sie diesen Vorgang, lassen Sie die Einschnitte ein wenig tiefer werden und entfernen Sie so lange dünne Scheibchen, bis Sie etwa ein Drittel der Dicke des Kamms auf jeder Seite des Rohlings entfernt haben. Nutzen Sie die Mittellinie zu Ihrer Orientierung.

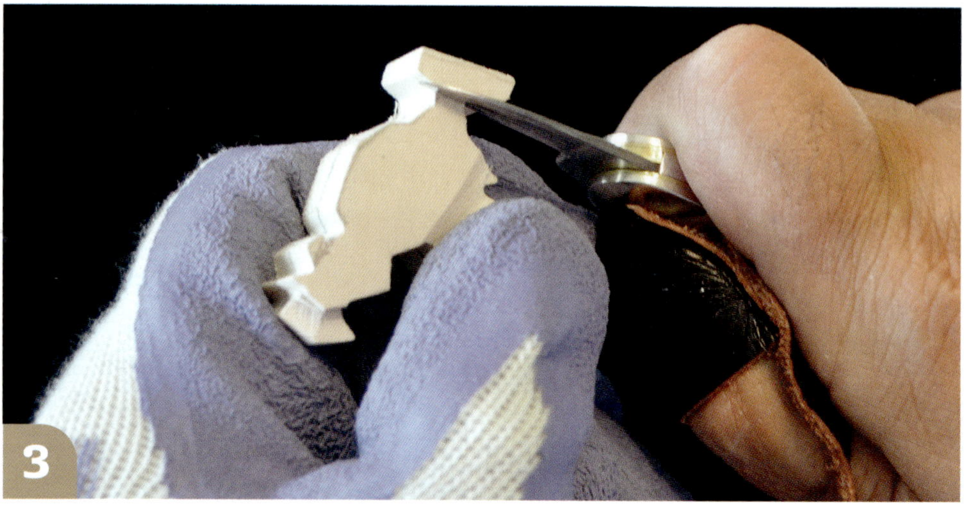

Die Beine verschmälern. Schnitzen Sie einen Einschnitt zwischen den Beinen und der Grundfläche. Nutzen Sie den Schiebeschnitt unter Zuhilfenahme des Daumens, um einen Holzspan hin zu den Einschnitten an der Grundfläche zu entfernen.

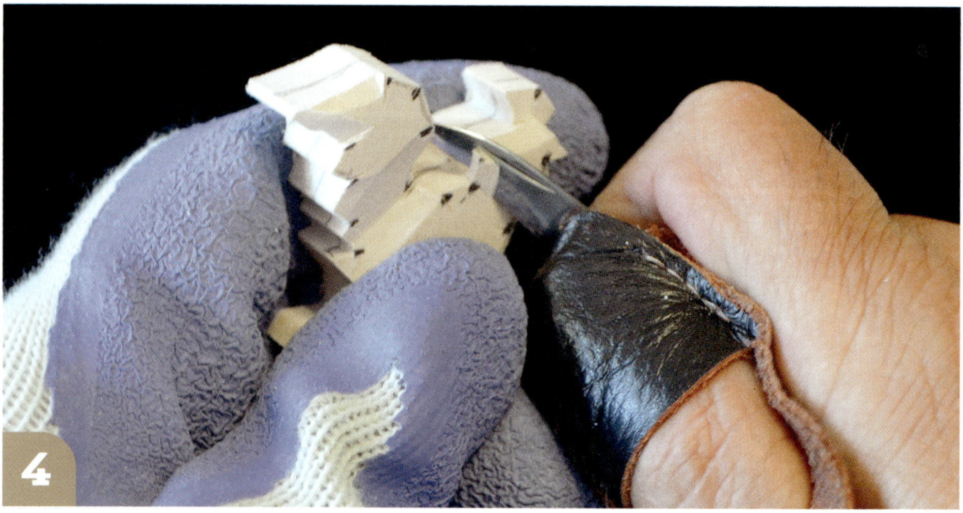

Die Details an den Flächen ausarbeiten. Markieren Sie die Punkte, an denen sich die Kanten des Rohlings schneiden, mit einem Bleistift. Schnitzen Sie einen flachen Einschnitt an jeder dieser Stellen. Den Arbeitsschritt auf beiden Seiten des Rohlings fertgstellen. Entfernen Sie ein dünnes Holzscheibchen von der Kante des Rohlings zwischen jedem der flachen Einschnitte, sodass gerade Flächen entstehen. Kombinieren Sie dazu Schälschnitte und daumenunterstützte Schiebeschnitte. Achten Sie darauf, dass die Schnitte glatt und in gleichmäßiger Breite erfolgen (etwa ein Drittel der Rohlingsstärke). Wenn Sie dabei vorsichtig vorgehen, verläuft rund um das gesamte Huhn eine durchgehende Linie. Vergessen Sie dabei nicht den Schwanz! Versäubern Sie Ihre Schnitte.

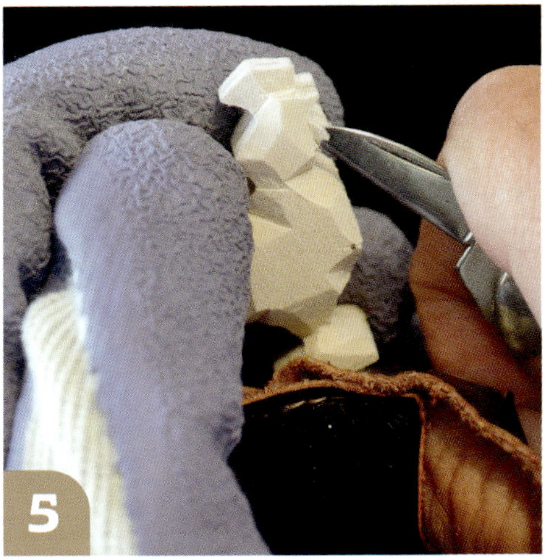

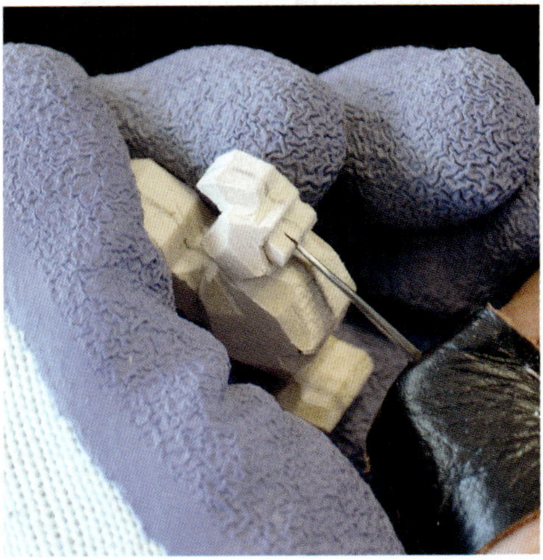

Die Kehllappen schnitzen. Schnitzen Sie einen Einschnitt, um den Kehllappen aus dem Körper herauszuarbeiten. Entfernen Sie dünne Holzscheibchen, um ihn an beiden Seiten des Rohlings hinunter zum Einschnitt zu verschmälern. Trennen Sie die Lappen, indem Sie zwei schräge Schnitte anbringen, die sich an der Mittellinie treffen. Entfernen Sie dann den so entstandenen Holzspan.

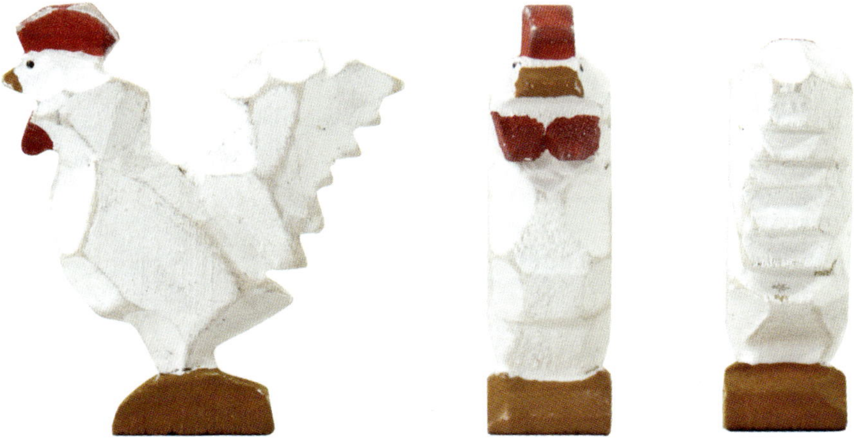

Bemalung und Fertigstellung

Sie können Ihr Huhn auf unterschiedliche Art und Weise fertigstellen: Lassen Sie die Schnitte sichtbar, um den Karikaturstil beizubehalten, beizen oder lackieren Sie Ihr Werkstück oder schleifen Sie es glatt. Sie können diese Techniken kombinieren oder das Huhn lassen, wie es ist. Schlagen Sie im Anhang im Abschnitt „Fertigstellung" für weitere Informationen nach. Ich habe mich dazu entschlossen, das Tier mit verdünnten Acrylfarben zu bemalen und es nach dem Trocknen leicht anzuschleifen, um die Konturen zu betonen.

Schwein

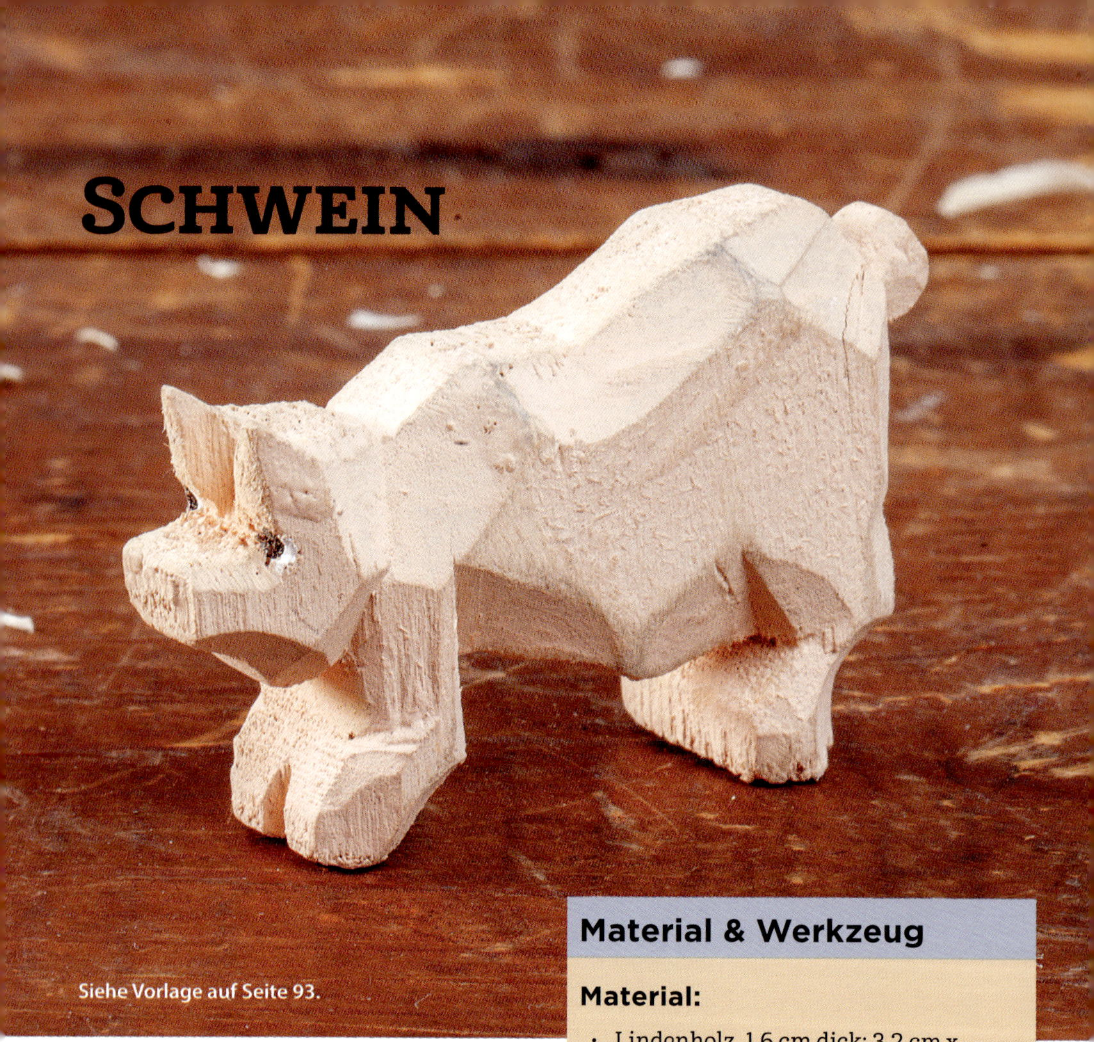

Siehe Vorlage auf Seite 93.

Wollen Sie ein freches Schwein schnitzen, das „Wilbur und Charlotte“ entsprungen sein könnte? Suchen Sie nicht weiter und treffen Sie Hildegard, Wilburs weniger berühmte (aber nicht weniger außergewöhnliche) Cousine: Schweine wie Hildegard sind aufgrund ihres ausgeprägten Geruchssinns oft darauf trainiert, in Wald und Feld nach begehrten Gegenständen, wie Trüffeln, zu suchen. Wenn Sie dieses einfache Werkstück gemeistert haben, werden alle Ihre Lieben kleine Trüffelschweine haben wollen!

Material & Werkzeug

Material:

- Lindenholz, 1,6 cm dick: 3,2 cm x 5,1 cm
- Stift
- Sprühkleber mit vorübergehender Haftwirkung (optional)
- Schleifpapier mit verschiedenen Körnungen
- Zahnstocher
- Acrylfarben: Fleischfarben, Schwarz, Titanweiß

Werkzeug:

- Bogen-, Band- oder Dekupiersäge
- Schnitzmesser
- Verschiedene dünnere Farbpinsel

Erste Schritte

Übertragen Sie die Vorlage auf das Holz und nehmen Sie dabei den Sprühkleber zur Hilfe oder greifen Sie auf Ihre bevorzugte Methode zurück. Schneiden Sie das Werkstück dann mit einer Band-, Dekupier- oder Bogensäge entlang der Umrisse zu. Zeichnen Sie auf beiden Seiten Detaillinien für Hals, Beine und Schwanz auf beide Seiten sowie eine Mittellinie entlang der Rohlingskanten ein.

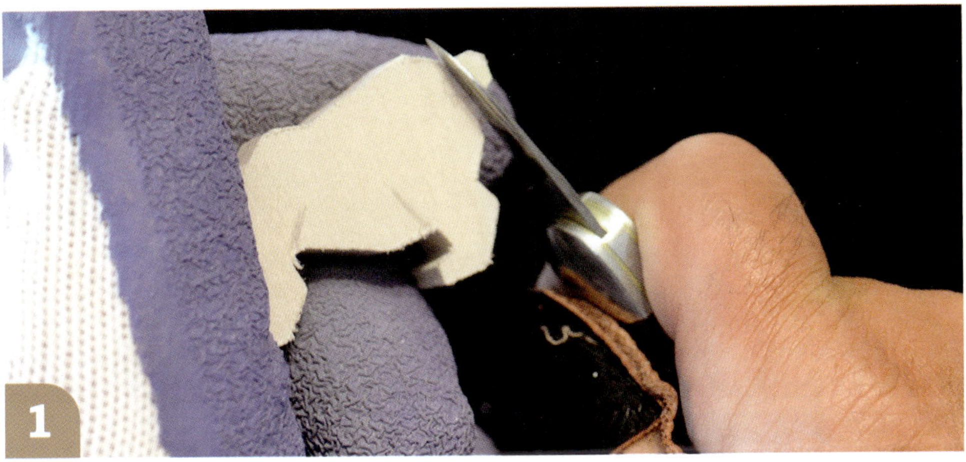

Den Schwanz schnitzen. Machen Sie auf beiden Seiten des Rohlings Stoppschnitte zwischen Rumpf und Schwanz des Schweins. Dafür legen Sie zunächst die Klinge auf die Kante des Rohlings und wiegen sie dann über der Bleistiftlinie nach oben und unten. Machen Sie eine Reihe flacher, aber deutlicher Schnitte vom Ende des Schwanzes bis zu dem Einschnitt, den Sie gerade angefertigt haben. Verwenden Sie Ihren Daumen als Drehpunkt, um die Kontrolle zu behalten. Wiederholen Sie diesen Vorgang, vertiefen Sie diese Einschnitte dabei behutsam und schnitzen Sie den Schwanz so lange dünner, bis Sie auf beiden Seiten etwa ein Drittel der Breite entfernt haben. Nehmen Sie die Mittellinie als Bezugspunkt zu Hilfe.

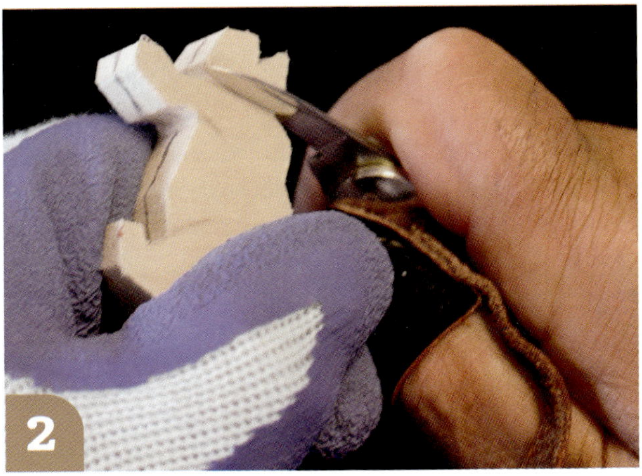

Den Kopf schnitzen. Schnitzen Sie auf beiden Seiten des Rohlings Stoppschnitte zwischen Kopf und Hals des Schweins. Machen Sie auch hier die Wiegebewegung aus Schritt 1. Dann verschmälern Sie die Halspartie hinunter vom Kopf zum Körper mit Schäl- oder Schiebeschnitten mit Daumenhilfe, sodass eine v-förmige Vertiefung an der Spitze des Einschnitts entsteht. Den Arbeitsschritt auf beiden Seiten des Rohlings vornehmen.

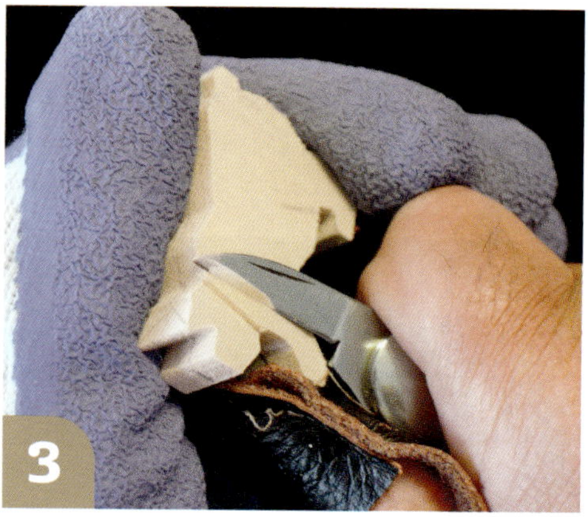

Den Kopf verschmälern. Nutzen Sie Schiebeschnitte oder Schälschnitte, um dünne Holzscheibchen von der Nase zurück zu dem Einschnitt zwischen Kopf und Hals zu entfernen. Wenn Sie möchten, können Sie Ihren Daumen wieder als Drehpunkt verwenden. Entfernen Sie weiterhin dünne Holzscheibchen, bis der Kopf ein wenig dünner als der Körper ist und sich zur Schnauze hin verjüngt.

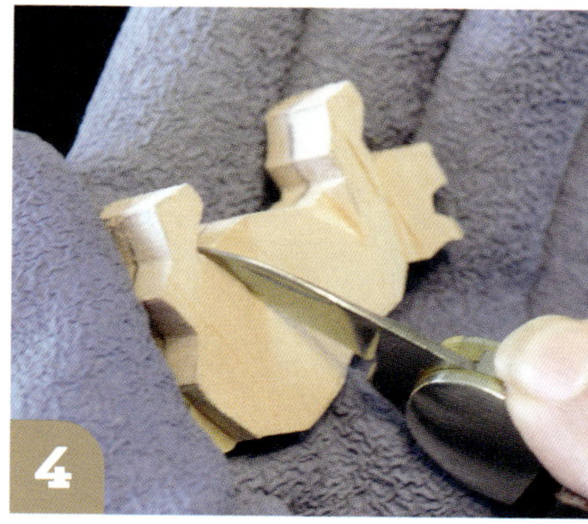

Details für die Flanken ausarbeiten. Schnitzen Sie auf beiden Seiten des Rohlings V-Schnitte an den Linien für die Details der Flanken (hinter dem Vorderbein und vor dem Hinterbein). Verwenden Sie die Mittellinie als Bezugspunkt, damit die Späne die gleiche Größe und Form bekommen.

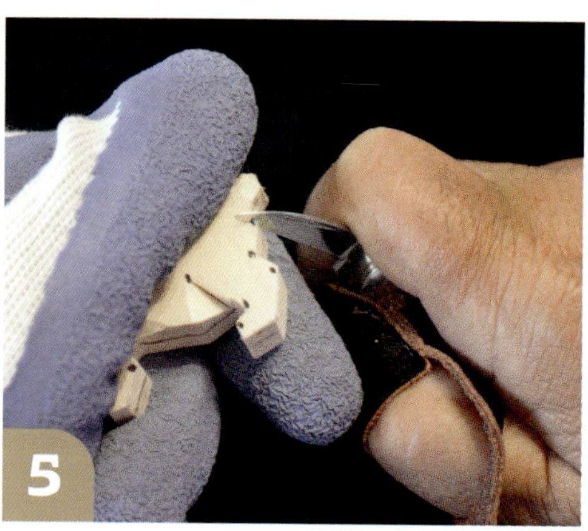

Die Details an den Flächen ausarbeiten. Markieren Sie die Punkte, an denen sich die geraden Kanten berühren (also überall dort, wo eine gerade Linie entlang des Umrisses die Richtung ändert) mit einem Stift. Machen Sie an jeder dieser Stellen einen flachen Stoppschnitt. Dann entfernen Sie zwischen jedem Schnitt ein dünnes Scheibchen Holz.

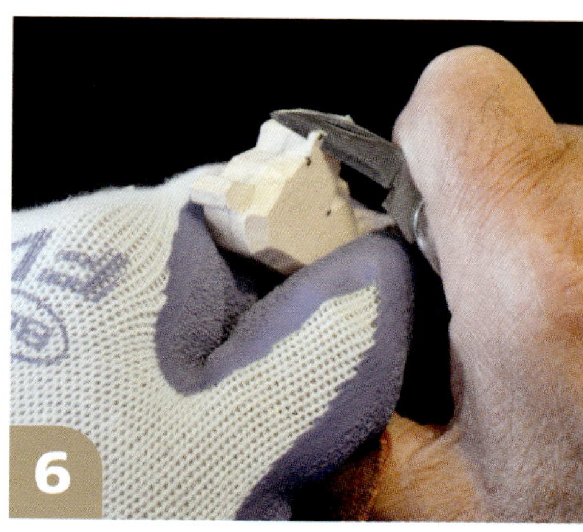

Die Form des Körpers fertigstellen. Setzen Sie diese Schnitte mit einer Kombination aus Schälschnitten und Schiebeschnitten mit Daumenhilfe um den gesamten Körper fort. Die sich daraus ergebenden Flächen sollten bei gleichmäßiger Breite sauber geschnitzt sein (etwa ein Drittel der Rohlingsdicke). Wenn Sie dabei vorsichtig vorgehen, verläuft rund um das gesamte Schwein eine durchgehende Linie. Nehmen Sie diesen Arbeitsschritt auf beiden Seiten des Rohlings vor.

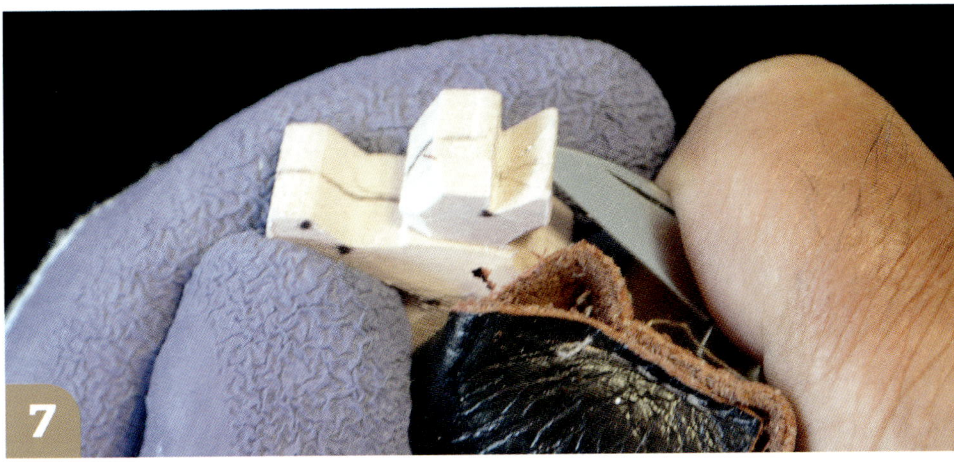

Die Ohren voneinander trennen. Schnitzen Sie zwei schräge Schnitte zwischen den Ohren und entfernen Sie den Holzspan; achten Sie dabei darauf, die Ohren nicht abzubrechen. Gehen Sie auf dieselbe Weise für die Füße vor. Entscheiden Sie, wo die Augen sein sollen, und arbeiten Sie sie mit dem Messer aus. Überprüfen Sie dann die gesamte Schnitzarbeit und versäubern Sie die Schnitte, wo es nötig ist. Wenn zwei aufeinandertreffende Flächen eine Spitze bilden, können Sie diese entfernen, um ein abgerundeteres Bild zu erhalten.

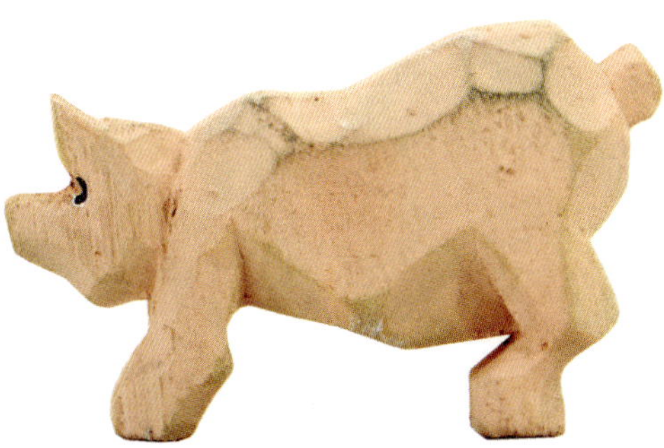

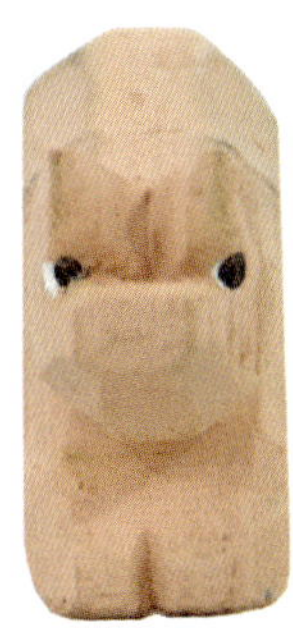

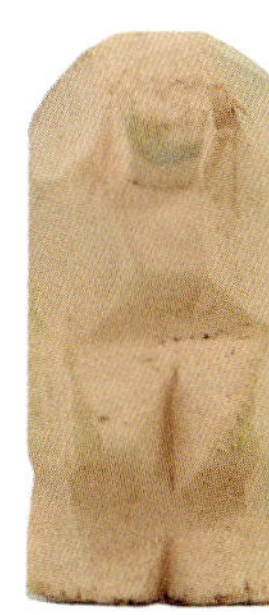

Bemalung und Fertigstellung

Sie können Ihr Schwein auf unterschiedliche Art und Weise fertigstellen: Die Schnitte sichtbar lassen (Karikaturstil) und zum Fertigstellen anmalen oder beizen oder es glattschleifen (für ein einfacheres Aussehen können Sie das Werkstück auch unbearbeitet lassen). Ich habe mich entschieden, meine Version mit verdünnten Acrylfarben zu bemalen und diese nach dem Trocknen leicht anzuschleifen, um die Kanten hervorzuheben.

ANHANG

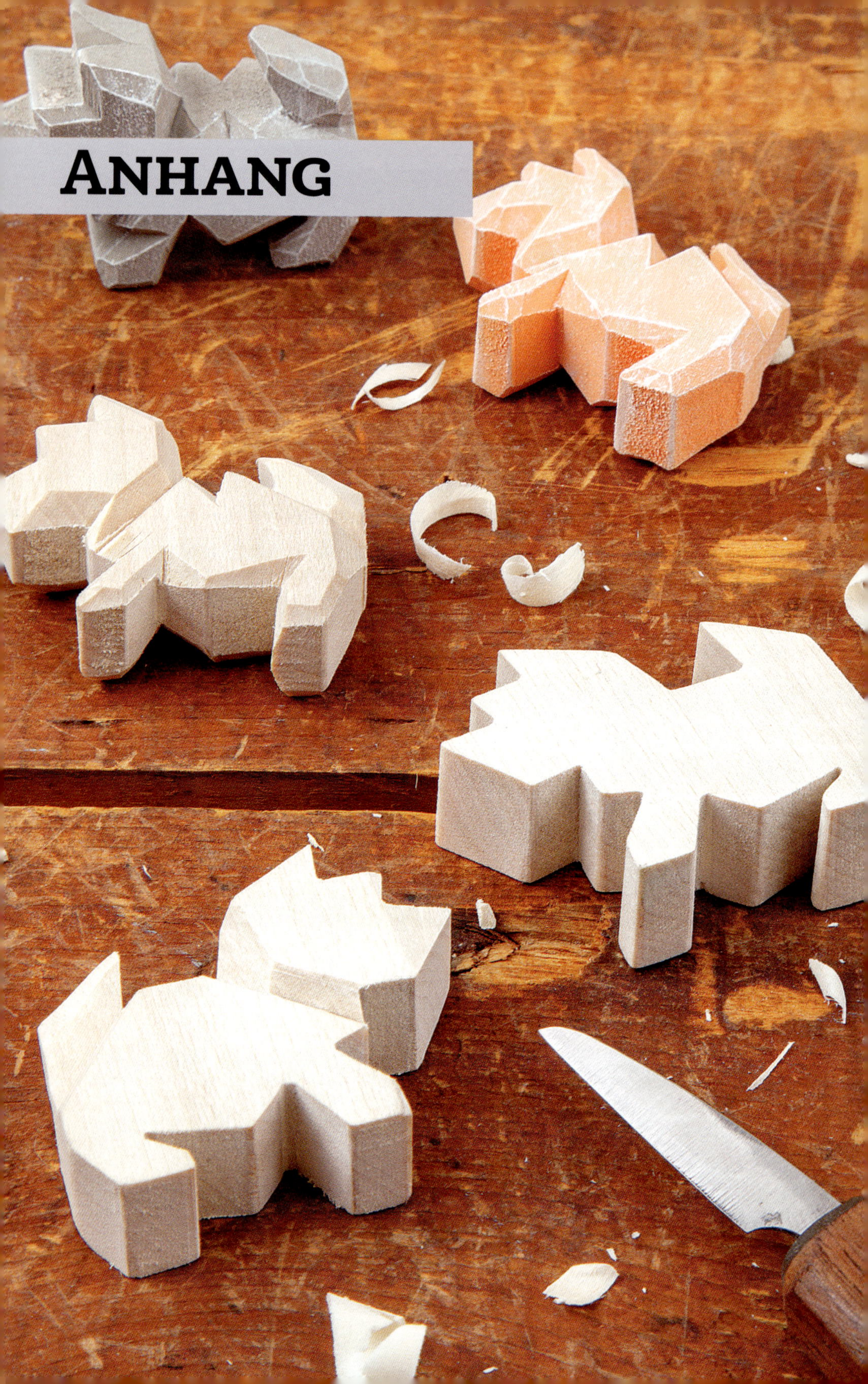

Auf den folgenden Seiten finden Sie Informationen über Sicherheit, grundlegende Schnitte, die Sie zum Schnitzen benötigen, das Schärfen Ihres Messers und die Fertigstellung Ihrer Projekte. Schlagen Sie immer wieder hier nach, um Ihre Schnitzkenntnisse so scharf zu halten wie Ihr Messer!

Sicherheit

Mit scharfen Werkzeugen zu hantieren, birgt immer ein gewisses Risiko. Ein Messer, das scharf genug ist, um Holz zu schneiden, wird auch leicht in Ihre Haut schneiden. Die meisten Schnitte sind klein, heilen schnell und hinterlassen keine Narben. Dennoch ist es am besten, einfache Sicherheitsregeln zu beachten, um ernsthaftere Verletzungen zu vermeiden.

Die wichtigste Regel beim Schnitzen ist, nicht nur zu bedenken, wo genau sich die Klinge befindet, sondern auch, wohin sie gleiten könnte. Holz kann seine Härte jederzeit ändern und Sie müssen den Druck, den Sie mit der Klinge ausüben, entsprechend anpassen. Stellen Sie sich vor, Sie üben starken Druck aus, um durch ein Astloch zu schneiden, und dahinter liegt eine weichere Stelle. Die scharfe Kante wird schnell durch die weiche Stelle gleiten und in das hineinschneiden, was dahinterliegt. Für das Messer spielt es keine Rolle, ob das Luft, eine Schnitzbank oder Ihre Hand ist.

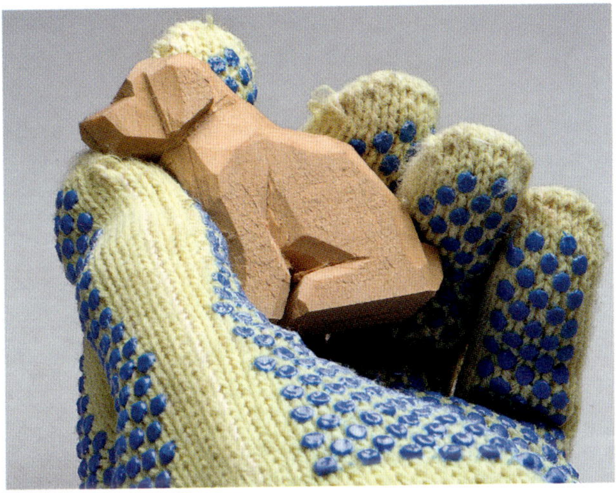

Tragen Sie einen Schnittschutzhandschuh an der Hand, die das Werkstück hält.

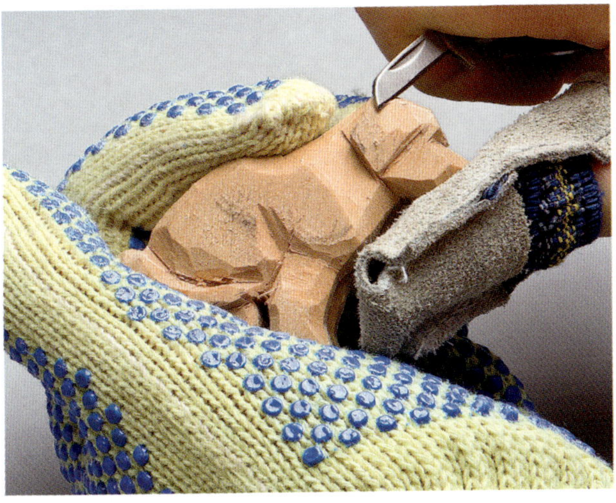

Tragen Sie einen Daumenschutz, wenn Sie zu Ihrem Daumen hin schnitzen.

Pfadfinder lehrt man, immer vom Körper wegzuschneiden. Das ist zwar ein guter Ratschlag, aber manchmal schneiden Sie zu Ihrem Daumen hin, so wie beispielsweise beim Schälschnitt (siehe Seite 85). Tragen Sie einen Lederschutz am Daumen, wenn Sie diesen Schälschnitt ausführen, wickeln Sie um diesen Pflastertape – oder positionieren Sie Ihren Daumen weit genug unterhalb des Objekts, sodass das Messer nicht in Ihren Daumen fährt, wenn es abrutscht.

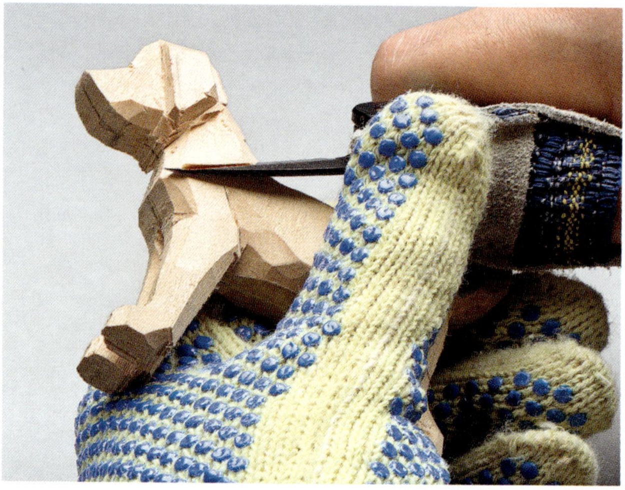

Schnitzen Sie, wenn möglich, weg von Ihrem Körper, um Verletzungen zu vermeiden.

Da die meisten Schnittverletzungen an der Hand, die das Schnitzobjekt hält, zu finden sind, tragen Schnitzer an dieser Hand oft einen Schnittschutzhandschuh. Es ist möglich, Schnittverletzungen zu verhindern, wenn man sich bewusst macht, wohin die Klinge abrutschen kann (und vermutlich auch wird!). Schneiden Sie also immer von sich weg, wenn Sie Rinde oder große Stücke Holz entfernen. Wenn Sie kleinere Details schnitzen, stabilisieren Sie die haltende mit der schnitzenden Hand. Wenn Sie einen Schiebeschnitt machen, legen Sie den Daumen der haltenden Hand auf den Rücken des Daumens der schnitzenden Hand. Sie können auch die Finger der Hand, die das Messer führt, auf den Fingern der Haltehand ruhen lassen. Dies sorgt für mehr Stabilität und Kontrolle, was das Abrutschen des Messers unwahrscheinlicher macht.

Schnitzen in der Öffentlichkeit

Bevor Sie Ihre Schnitzarbeit an öffentlichen Orten herausholen, vergewissern Sie sich beim dafür zuständigen Personal, etwa Sicherheitsleuten im Einkaufszentrum, ob das auch erlaubt ist.

Manche Schnitzer nutzen ihre Oberschenkel als Schnitzbank. Ein versehentlicher Schnitt in den Oberschenkel kann aber sehr gefährlich werden. Deshalb sollten Sie auf einer Werkbank oder einem Tisch arbeiten. Wenn Sie in Richtung Ihres Oberschenkels schneiden, verwenden Sie einen Lederschutz für Ihr Bein.

Ohne diese Sicherheitsvorkehrungen kann das Abrutschen mit der Klinge mit einem Besuch in der Notaufnahme enden. Halten Sie sich deshalb an diese Regeln und Sie werden hoffentlich nie mehr als ein Pflaster benötigen.

Grundlegende Schnitte

Schnitzen ist eine abtragende Arbeitstechnik – Sie entfernen jene Holzteile, die für die Fertigstellung Ihres Schnitzobjektes überflüssig sind. Wenn Sie beispielsweise eine Hundefigur schnitzen, entfernen Sie das gesamte Holz, das nicht der Form des Hundes entspricht.

Die meisten Schnitzer wenden vier grundlegende Schnitttechniken an, um überschüssiges Holz zu entfernen: Schiebeschnitt, Schälschnitt, Stopp- oder Einschnitt und v-förmigen Schnitt. Wenn Sie diese vier Grundschnitte gemeistert haben, können Sie unzählige Projekte in Angriff nehmen.

Einschnitt/Stoppschnitt

Wie der Name schon sagt, wird dieser Schnitt angewandt, um eine scharfe Linie am Ende eines anderen Schnittes zu setzen. Die Position Ihrer Hand ist abhängig von der Stelle, an der Sie den Schnitt setzen wollen. Schneiden Sie einfach gerade in das Holz, um einen Einschnitt/Stoppschnitt zu arbeiten. Wenden Sie diesen Schnitt zuerst an, um zu verhindern, dass der folgende Schnitt länger als gewünscht wird. Machen Sie einen Stoppschnitt nach einem Schnitt, um einen Holzspan aus einem vorherigen Schnitt zu lösen.

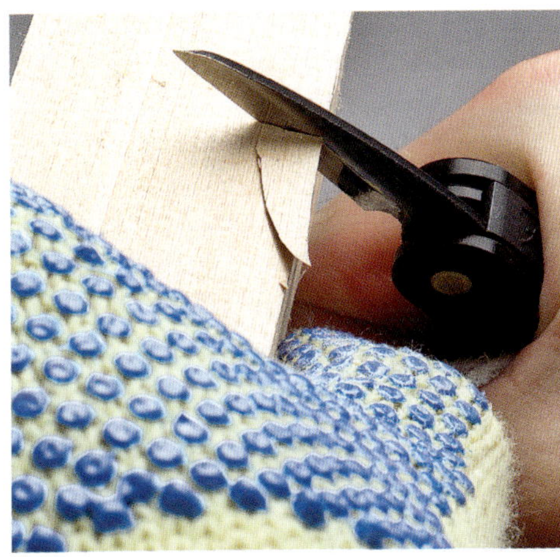

Schiebeschnitt

Für den Schiebeschnitt halten Sie das Holz in einer und das Messer in Ihrer anderen Hand. Der Daumen soll auf dem Messerrücken zu liegen kommen. Schieben Sie das Messer durch das Holz, weg von Ihrem Körper. Für mehr Kontrolle und Kraft legen Sie den Daumen der Haltehand auf den Daumen, der auf der Klinge liegt, um ihn als Drehpunkt für das Handgelenk der schnitzenden Hand zu nutzen.

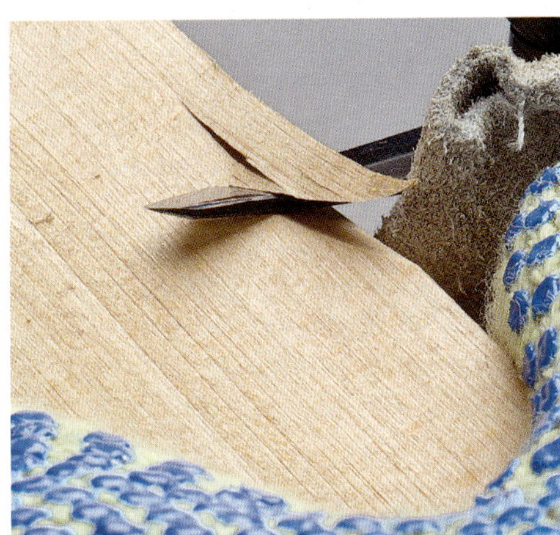

Schälschnitt

Der Schälschnitt ermöglicht ein kontrolliertes Arbeiten, allerdings müssen Sie zu Ihrem Daumen hin schneiden. Tragen Sie einen Daumenschutz oder machen Sie sich bewusst, wohin der Schnitt führen könnte; insbesondere, wenn Sie abrutschen. Um den Schälschnitt richtig anzuwenden, halten Sie das Holz in einer Hand. Halten Sie in der anderen Hand das Messer mit vier Fingern. Die Schneidkante zeigt zu Ihrem Daumen. Legen Sie den Daumen der Hand, die das Messer hält, auf das Holz hinter die Stelle, die Sie bearbeiten wollen. Strecken Sie den Daumen so weit wie möglich aus. Schließen Sie Ihre Hand, indem Sie das Messer zu Ihrem Daumen ziehen, und führen Sie so den Schnitt. Es ist die gleiche Bewegung wie beim Kartoffelschälen.

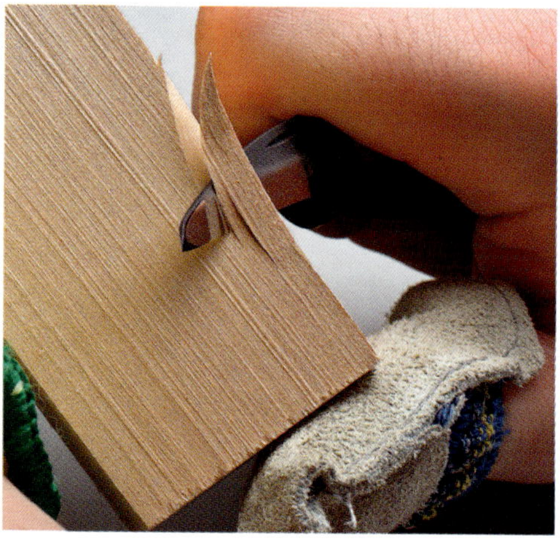

V-förmiger Schnitt

Um einen v-förmigen Schnitt auszuführen, halten Sie das Messer wie für den Schälschnitt. Drücken Sie den Daumen der Hand, die das Messer hält, gegen das Holz und führen Sie mit der Messerspitze einen schrägen Schnitt aus. Drehen Sie das Holz und legen Sie den Daumen auf die andere Seite des Schnittes und führen Sie erneut einen schrägen Schnitt aus. Richten Sie die Winkel so aus, dass sich die Schnitte an der tiefsten Stelle in der Mitte treffen, damit sich eine v-förmige Einkerbung bildet.

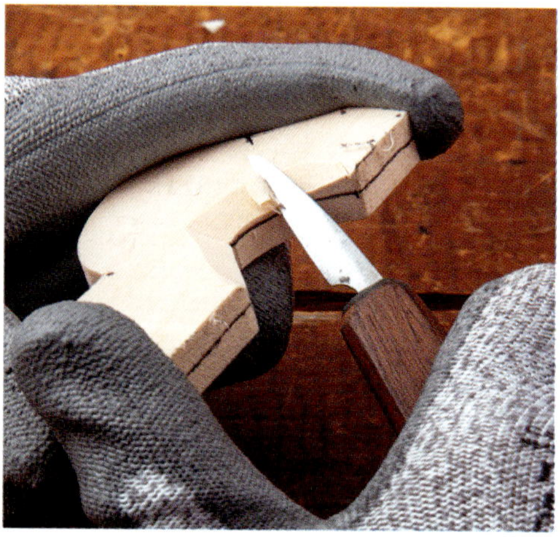

Mehr zum Schiebeschnitt

Schiebeschnitte, bei denen Sie den Daumen zu Hilfe nehmen, um mit dem Messer einen einfachen Schnitt auszuführen, benötigen zwar weniger Kraft, um Holz abzutragen, benötigen aber mehr Erfahrung und Praxis. Für Schiebeschnitte ist es am besten, ein gut geschärftes Messer zu verwenden – besonders wenn Sie mit der Messerspitze feine Details herausarbeiten wollen.

Grundlagen des Schärfens

Auch wenn es widersprüchlich klingt: Nur ein scharfes Messer ist ein sicheres Messer. Wenn ein Messer stumpf oder nicht richtig geformt ist, bedarf es mehr Kraft, um die Klinge durch das Holz zu führen. Je mehr Kraft Sie aber aufwenden, desto weniger Kontrolle haben Sie. Da man mit einer ordentlich geschärften Klinge weniger Kraft braucht, ermüdet man langsamer, was wiederum das Schnitzen angenehmer macht. So mancher Schnitzer lässt sich entmutigen, weil er mit einer stumpfen oder nicht richtig geformten Klinge arbeitet.

Das Schärfen ist ein einfacher Vorgang. Vereinfacht gesagt, wird hierbei ein Stück Metall an einem Schleifmittel gerieben, um eine Keilform zu erhalten. Als Schleifmittel können Sie alles von Sandpapier bis zum professionellen Messerschleifer verwenden. Sie beginnen mit grobem Schleifmittel und verwenden dann immer feinere Mittel, bis Sie eine polierte Schneidkante haben.

Es gibt viele Methoden und Produkte, die helfen können, eine scharfe Schneidkante zu erhalten; ich für meinen Teil empfehle Anfängern immer das Sandpapier. Benutzen Sie Sprühkleber, um 15 cm lange Sandpapierstreifen auf eine plane Fläche zu kleben (z. B. eine Plexiglasplatte). Beginnen Sie mit einer 200–320er-Körnung; am besten Nass-/Trockenschmirgelpapier, da dieses widerstandsfähiger ist. Arbeiten Sie sich hinauf bis zu 600er-Körnung, dann die Klinge mit einem Abziehleder polieren.

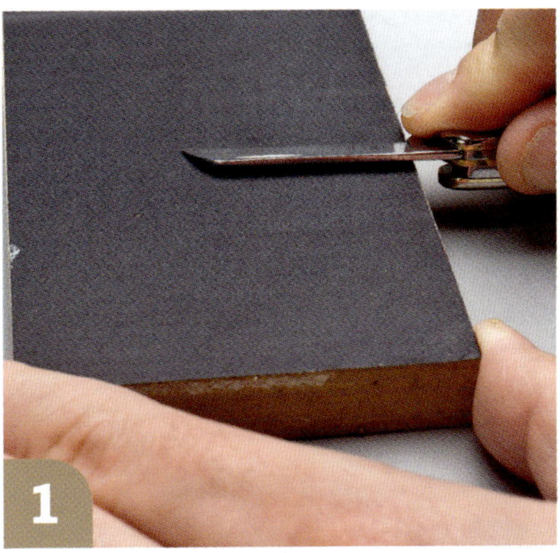

Mit dem Schärfen der Klinge beginnen. Halten Sie die gesamte Länge der Klinge flach an das 200–320er-Sandpapier, die Schneidkante sollte dabei von Ihnen wegzeigen. Heben Sie die Rückseite der Klinge ein wenig an (ca. 1 mm). Behalten Sie denselben Winkel bei, während Sie das Messer von sich weg zur Schneidkante hin entlang der Länge des Sandpapiers drücken.

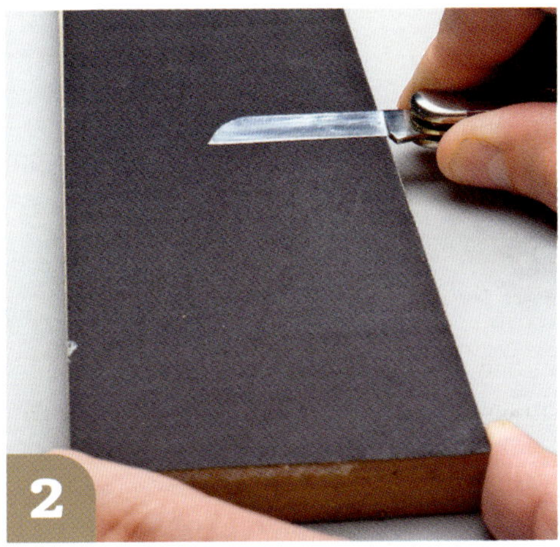

Die andere Klingenseite schärfen. Wenden Sie die Klinge, sodass die Schneidkante nun zu Ihnen zeigt. Legen Sie die ganze Länge der Klinge auf das Sandpapier und heben Sie die Rückseite leicht an. Ziehen Sie die Klinge auf dem Papier in gleichbleibendem Winkel gegen die Schneidkante.

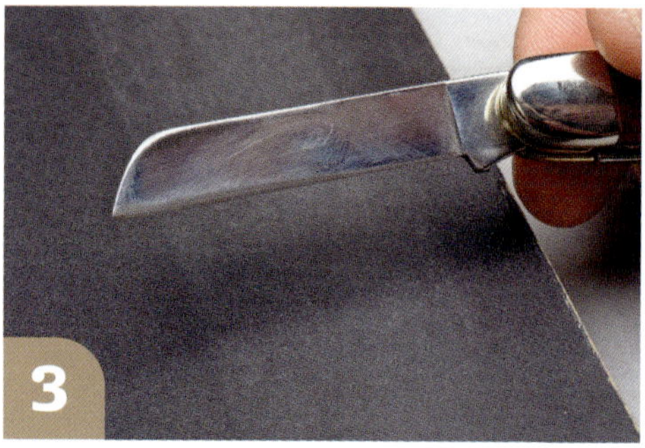

Schärfen der Klinge beenden. Folgen Sie den Schritten 1 und 2, bis Sie die gewünschte Schärfe erreicht haben. Das Metall sollte an den geschliffenen Stellen glänzen.

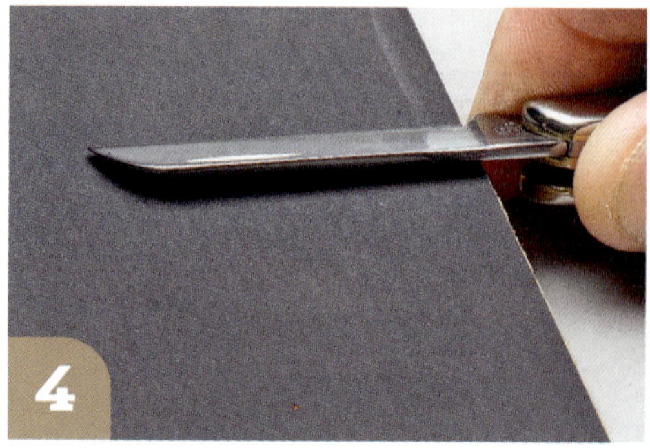

Durch grobes Sandpapier entstandene Kratzer entfernen. Wiederholen Sie Schritt 1–3 und verwenden Sie dazu erst eine 400er- und danach eine 600er-Körnung. Entfernen Sie dabei die sichtbaren Kratzer, die durch das grobe Sandpapier entstanden sind, bevor Sie die nächstfeinere Körnung verwenden.

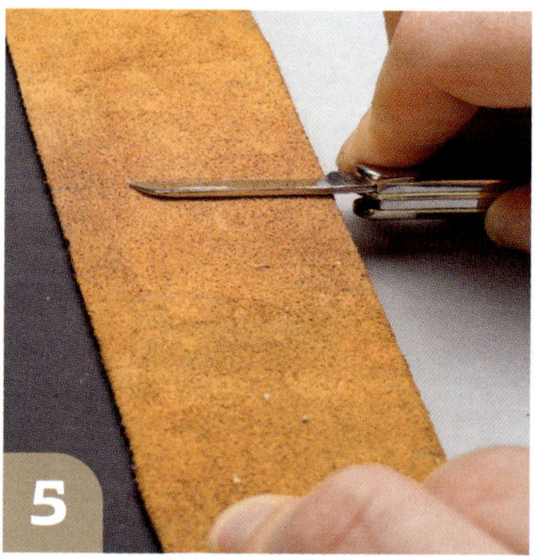

Die Schneidkante polieren. Besorgen Sie sich ein Abziehleder oder kleben Sie ein Stück Leder (z. B. von einem alten Gürtel) mit der rauen Seite nach oben auf ein flaches Stück Holz. Geben Sie eine kleine Menge Abziehmittel auf das Leder. (Dieses Mittel ist in Puderform in Werkzeugläden oder Autowerkstätten erhältlich. Die Körnung ist nicht relevant für das Abziehen von Messern.) Legen Sie die ganze Klinge der Länge nach auf das Abziehleder und heben Sie die Rückseite etwas an (ca. 1 mm). Ziehen Sie die Klinge von der Schneidkante weg über das Leder. Drücken Sie die Klinge nicht in Richtung Schneidkante, sonst beschädigen Sie das Abziehleder und stumpfen die Klinge wieder ab. Am Ende des Abziehriemens wenden Sie die Klinge und legen die andere Seite flach auf das Leder. Heben Sie die Rückseite der Klinge etwas an und ziehen Sie die Klinge über den Riemen, weg von der Schneidkante. Dieser Vorgang poliert die Klinge für einen sauberen und glatteren Schnitt.

Wenn Sie die Schneide einmal geschärft haben, müssen Sie die Klinge dann nur noch mit Sandpapier nachbehandeln, wenn sie eine Kerbe oder eine Beschädigung der Schnittkante aufweist. Sie müssen die Schneidkante auf jeden Fall durch regelmäßiges Abziehen instandhalten. Wenn Sie über einen längeren Zeitraum schnitzen, sollten Sie die Schneide immer wieder abziehen. Sie werden ein Gespür dafür entwickeln, wenn die Klinge stumpf wird und nachgeschliffen werden muss. Gewöhnen Sie sich an, die Klinge nach jedem Schnitzen abzuziehen.

Eine gute Methode, um festzustellen, ob die Klinge scharf ist, besteht darin, ein dunkles Stück Holz zu nehmen (z. B. Walnuss) und einen langen Schnitt quer zur Maserung durchzuführen. Ist die Klinge wirklich scharf, sollte die Schnittfläche glänzen. Befinden sich jedoch fast unsichtbare Kerben auf der Klinge, hinterlassen sie helle Striche auf der Schnittfläche.

Fertigstellung

Es gibt viele Möglichkeiten, die geschnitzten Objekte zu behandeln und zu veredeln. Wenn Sie mit dem Schnitzen fertig sind, können Sie das Stück abschmirgeln oder einfach so lassen, wie es ist. Wenn Sie sich dafür entscheiden, das Werkstück zu beizen oder zu bemalen, gehen Sie sicher, dass alle Flächen bearbeitet sind, da unbehandeltes Holz Farbe und Beize anders aufnimmt als geschnitztes.

Säubern Sie das Schnitzobjekt, um Bleistiftmarkierungen, Schmutz und Holzfussel zu entfernen. Verwenden Sie dafür eine Zahnbürste, warmes Wasser und Spülmittel. Wenn Sie Ihr Schnitzobjekt reinigen, lassen Sie es trocknen, bevor Sie es bemalen.

Zum Bemalen Ihrer Schnitzarbeiten empfehle ich verdünnte Acrylfarbe. Manche Schnitzer verwenden ein Brenneisen, um die Linien zwischen den einzelnen Farben voneinander zu trennen. Diese gebrannten Linien verhindern nicht nur das Ineinanderlaufen der Farben, sondern verdunkeln das Holz, wodurch Schatteneffekte entstehen. Wenn Sie das Holz beizen wollen, tragen Sie zuvor ein Einlass- oder Versiegelungsmittel auf und erst dann die Beize. Tragen Sie am Ende zum Schutz Ihres Werkstücks noch ein oder zwei Schichten Polyurethanlack (PUR-Lack) auf.

Wenn Sie Ihr Schnitzobjekt nicht bemalen wollen, können Sie das Holz dennoch mit einem Versiegelungsmittel einlassen und dann eine Schicht Polyurethanlack oder Wachs auftragen.

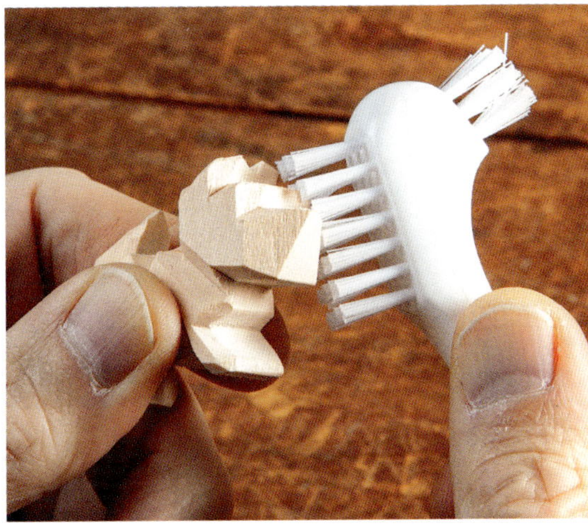

Verwenden Sie eine Zahnbürste, heißes Wasser und Spülmittel, um Fussel, Markierungen und Schmutz vom Schnitzobjekt zu entfernen.

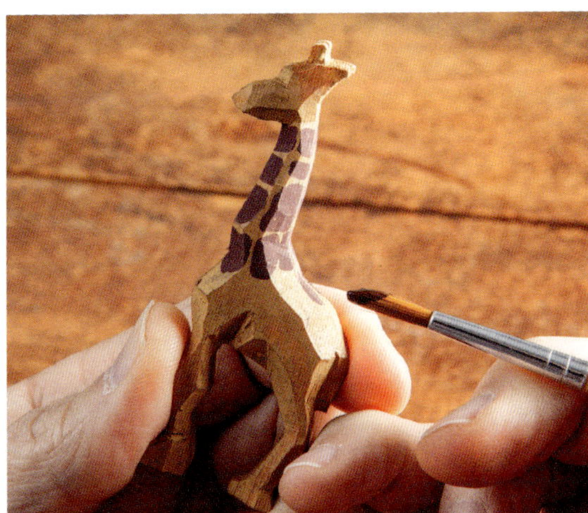

Ich habe verdünnte Acrylfarbe für meine Schnitzobjekte benutzt.

Eine Anmerkung zu den Augen

Ich male die Augen mit einem runden Zahnstocher auf. Zerbrechen Sie den Zahnstocher in der Mitte und tunken Sie das dickere Ende in weiße Farbe, um das Weiße im Auge zu malen. Trocknen lassen und das dünne Ende in schwarze Farbe tauchen, um die Pupille zu malen.

VORLAGEN

Vorlagen sind in Originalgröße

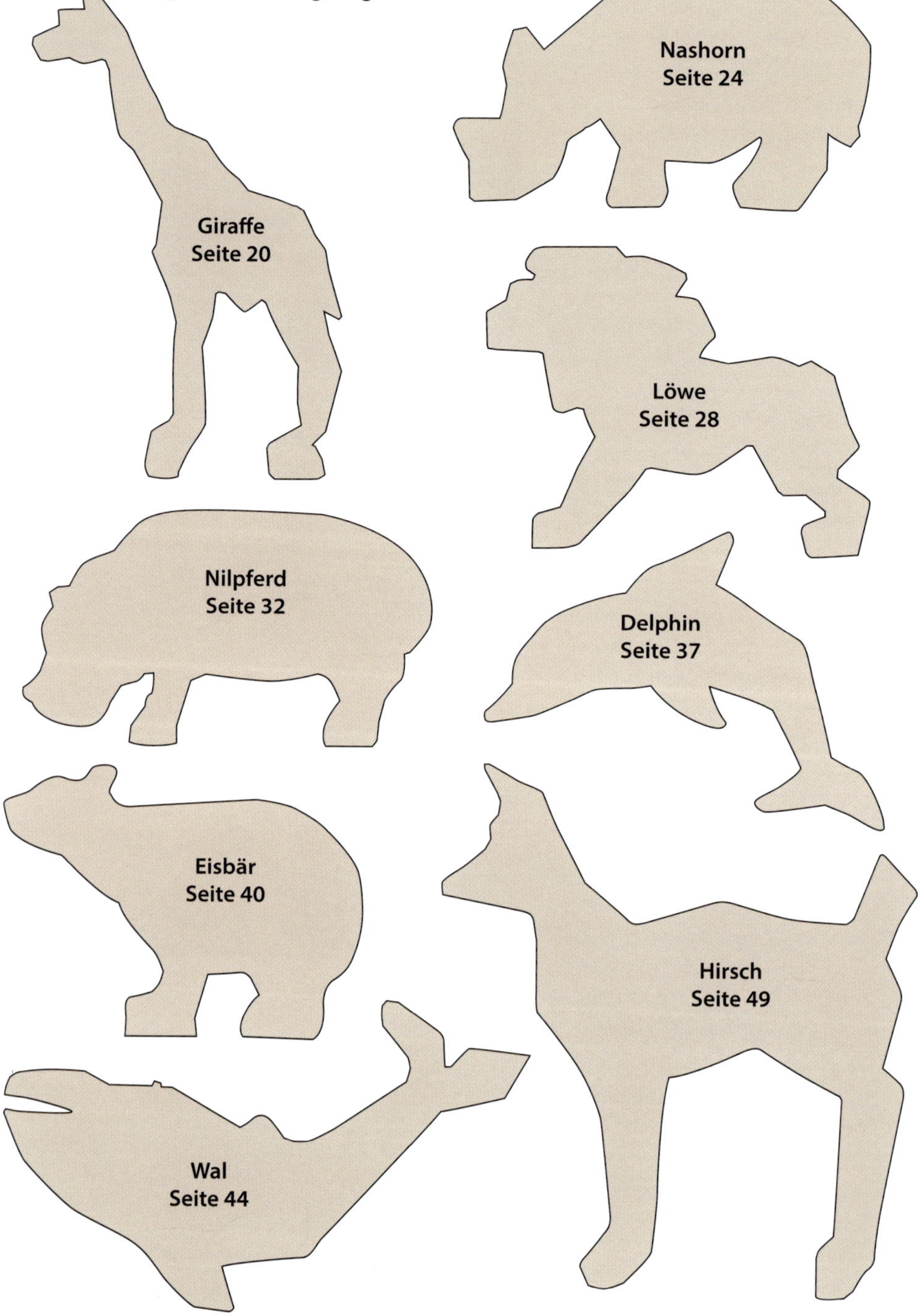

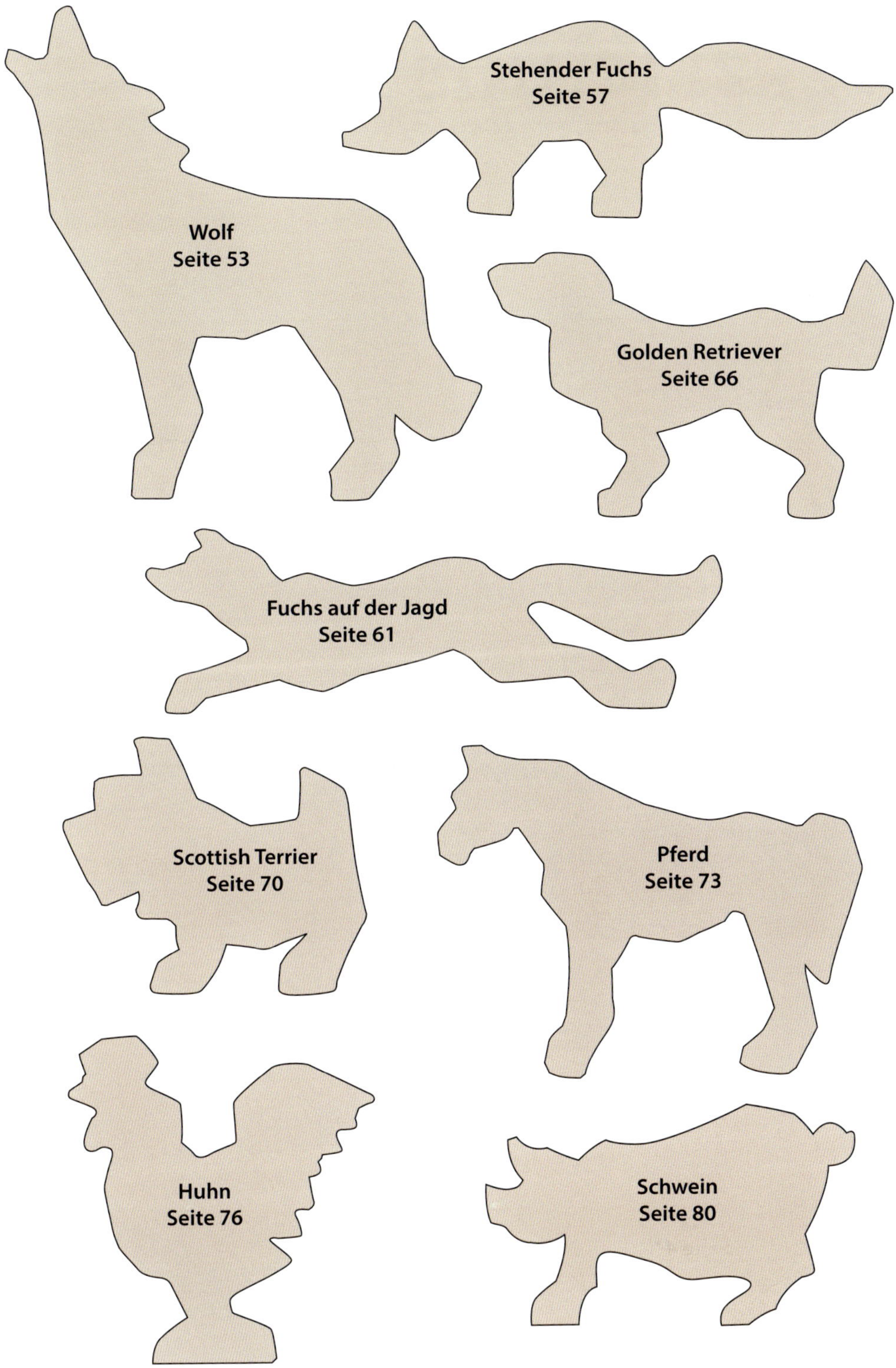
Stehender Fuchs
Seite 57
Wolf
Seite 53
Golden Retriever
Seite 66
Fuchs auf der Jagd
Seite 61
Scottish Terrier
Seite 70
Pferd
Seite 73
Huhn
Seite 76
Schwein
Seite 80

Stichwort-verzeichnis

Anmerkung: *Kursive* Seitenzahlen geben ein Projekt an.

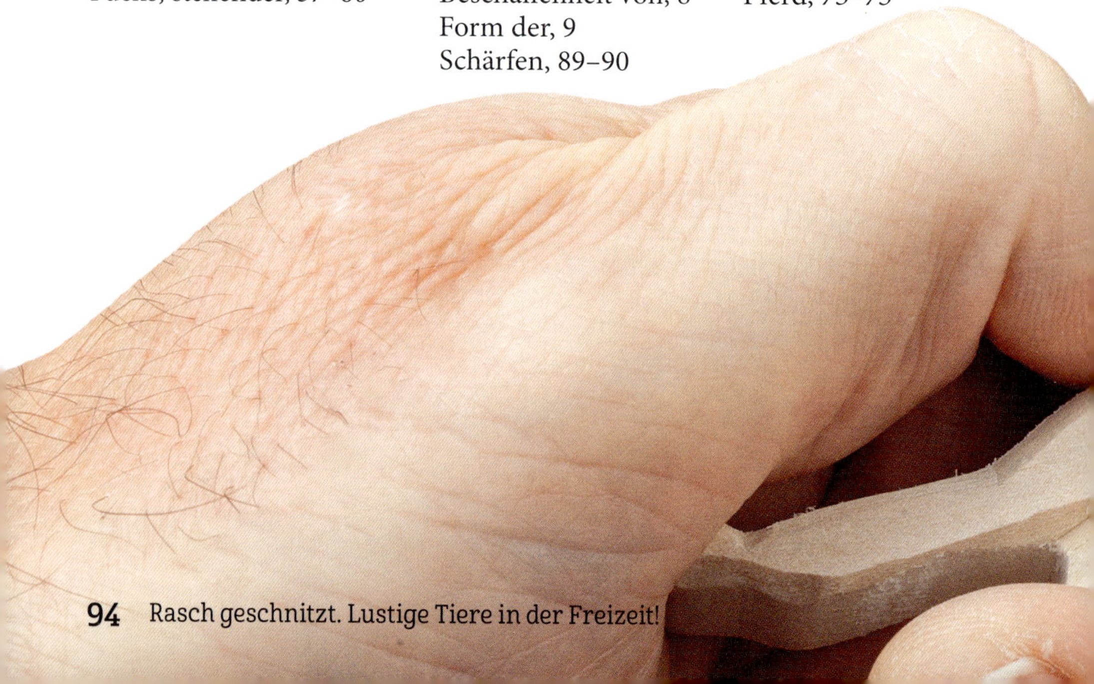

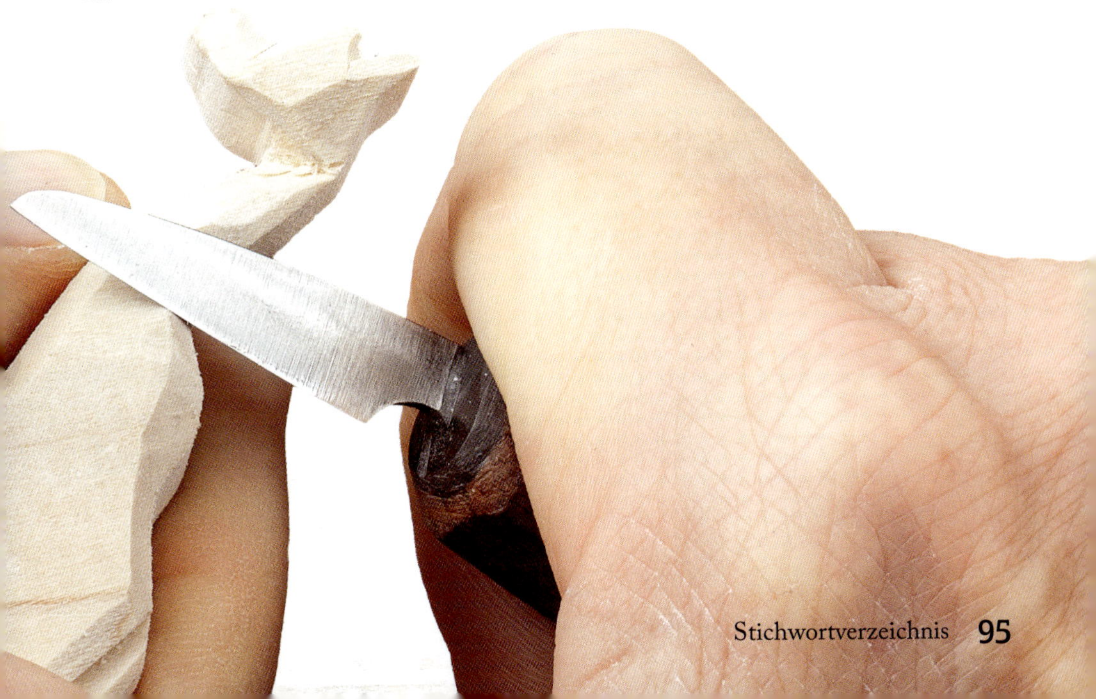

ÜBER DEN AUTOR

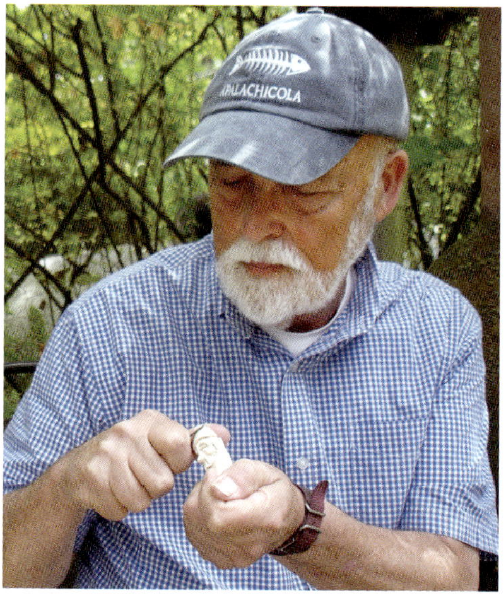

Tom Hindes entdeckte das Holzschnitzen erst im Ruhestand für sich. Nach einer beruflichen Tätigkeit als Lehrer im Kunstgewerbebereich und in der Fachschulausbildung fand er zu seiner Liebe, mit Holz zu arbeiten, zurück. Zuerst zeigte sich dieses Interesse in Form der Möbeltischlerei; nach einigen Jahren aber beschloss Tom, kleinere und leichtere Objekte in Angriff zu nehmen. Er begann eine Arche Noah zu schnitzen, und zwar mit Figuren aller Tierpaare, und war sofort begeistert von dieser Art des Holzschnitzens.

Nach Jahren des Schnitzens brachte er seine Fähigkeiten, die er sich im Rahmen seiner Lehrtätigkeit erworben hatte, in die Entwicklung von Projekten für Schnitzanfänger ein. Er entschied sich, sich aufs Holzschnitzen nur mit einem Messer zu konzentrieren; das ermöglicht, die Projekte einfach, schnell und abwechslungsreich zu gestalten.

Das erste dieser Projekte, den 5-Minuten-Zauberer, veröffentlichte er im Sommer 2008 im Magazin *Woodcarving Illustrated* (Ausgabe 43); dieses Projekt stieß gleich auf große Resonanz. Nach diesem Erfolg verfasste er weitere Artikel für *Woodcarving Illustrated*, in denen er sich stets auf einfache, kleine Projekte, wie Weihnachtsmänner, Wichtel, Zauberer und Tiere, konzentrierte.

Mit seinen Artikeln und den beiden Büchern *Schnell geschnitzt. Lustige Figuren in 20 Minuten* sowie *Rasch geschnitzt. Lustige Figuren in der Freizeit* möchte er erreichen, dass Anfänger, die seine Schnitzobjekte sehen, sagen: „Das kann ich auch!"

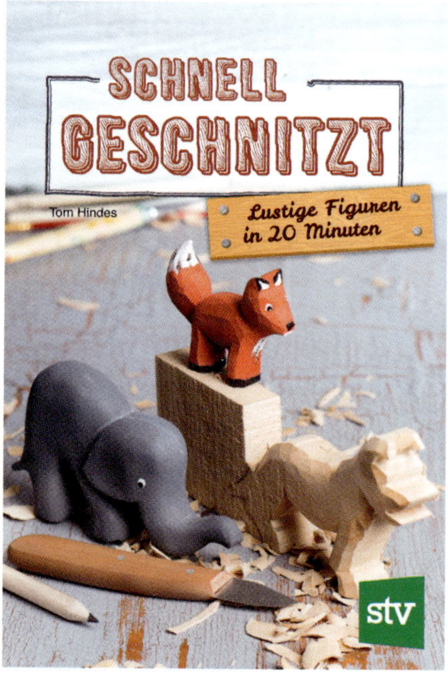

ISBN 978-3-7020-1614-2